Eva Smutny

Ganz. Einfach. Bibel.

Neu eintauchen und Gott begegnen

INHALT

Vorwort: Schön wär's! — 4
Warum ich in der Bibel lese — 6
Wie das Eintauchen in ein Waldstück — 12
Der Blick fürs große Ganze:
die gesamte Bibel lesen — 18
Allein oder gemeinsam? — 24
Bevor es losgeht: Ihre persönlichen Notizen — 26

20 WEGE, UM DIE BIBEL ZU ENTDECKEN

Wenn's langweilig wird … — 38
Jetzt wird's bunt — 40
Jäger und Sammler — 42
Menschen wenden sich an Gott — 46
Mit Listen Zusammenhänge erforschen — 48
Wenn Zahlen sprechen — 50
In der Bibliothek — 52
Wieso? Weshalb? Warum? — 56
Hobby-Kartografie — 62
Die Welt der Psalmen — 64
Die Weisheit der Sprüche — 68
Highlights — 70
Die Brücke zu heute — 78
„Aha"-Erlebnisse — 84
Wenn Tabellen lebendig werden — 90
Ihr Weg durchs Dickicht: So erarbeiten
Sie sich selbst Teile der Bibel — 91
„Ich habe verstanden!" – Gott antworten — 106
… und wenn die Kreativität ausbleibt? — 114

ANHANG

Tabelle mit den Kapiteln
aller biblischen Bücher — 117

Über die Autorin — 122

SCHÖN WÄR'S!

Ich wusste ganz genau, wie Bibellesen geht: ehrfürchtig auf einem Stuhl sitzen, das heilige Buch geöffnet in beiden Händen, die auf dem Schoß liegen, und dann Wort für Wort aufnehmen. Im Kopf und im Herzen würden sie dann ihre Wirkung entfalten und mich zu einem guten Christen machen.

Nur, dass es bei mir nicht funktionierte. Warum auch immer. Die Wörter transportierte ich in mein Hirn und es tat sich nichts, außer, dass es mich langweilte. Vor lauter Ehrfurcht hatte ich Angst, etwas falsch zu machen.

Dabei hätte ich wirklich gerne in diesem Buch gelesen, das ja irgendwie die Grundlage meines Glaubens war.

Im Laufe meines Lebens lernte ich, dass dieser heilige Gott auch ein ganz naher Gott ist und ein kreativer Gott. Ein Gott, der Lust an Schönheit hat, an Freude, am Singen und Tanzen, am Lachen und Spielen. Ich lernte, dass Gott mir in seinem Wort nicht nur Regeln weitergeben, sondern in ein Zwiegespräch mit mir kommen will.

Statt steif und ängstlich kann ich in dieses „Gespräch" so gehen, wie ich bin: mit meinen Interessen, mit meiner Kreativität, mit meinen Fragen. Ich kann ganz vertrauensvoll mit Gott plaudern, Fragen stellen, ihm

zuhören und auch meine Ideen mitteilen. Und tatsächlich, solche Zwiegespräche entfalten ihre Wirkung im Kopf und im Herzen – fast von ganz allein ...

Es ist gut, sich jeden Tag Zeit zu nehmen, um bewusst die Gemeinschaft mit Gott zu suchen, um in seinem Wort, der Bibel, zu lesen. Allerdings haben viele damit ihre Schwierigkeiten. Sie lesen aus einem gewissen Pflichtgefühl oder gar nicht in der Bibel. Sie geben sich mit Andachtsbüchern oder Kalenderblättern zufrieden, weil das wenigstens nicht nichts ist.

Für all diese Menschen habe ich dieses Buch geschrieben. Für die, die schon so oft angefangen haben, aber es nie durchgehalten haben. Für die, die am liebsten begeistert wären vom Wort Gottes und es so gerne mit großer Freude lesen würden. Für die, die behaupten, keine Zeit zum Lesen zu haben, aber in Wirklichkeit einfach keine Lust haben. Für die, die glauben, nur sie finden die Bibel langweilig. Und für die, die dieses Problem nicht haben, sich aber neue Anregungen wünschen.
Und auch für die, die ganz einfach mal in die Bibel hineinschauen wollen, neugierig und unvoreingenommen, egal, ob sie Christ sind oder nicht.

Ich wünsche Ihnen, dass Sie die Zeit bis zu Ihrem nächsten Bibellesen bald gar nicht mehr erwarten können!

Eva Smutny

WARUM ICH IN DER BIBEL LESE

In der Bibel zu lesen, gehört zum Christsein dazu. Gemeinsam in einer Kleingruppe oder einem Bibelkurs, in Gottesdiensten, aber auch alleine für sich in der sogenannten „Stillen Zeit".

Während es für die Gestaltung von Bibelrunden und -studiengruppen viele Anleitungen gibt, sieht es für die persönliche Zeit mit Gott anders aus. Es gibt zwar Andachtsbücher, aber so richtig selbstständig machen die nicht.
Dabei haben das Lesen und die Beschäftigung mit dem Wort Gottes schon in der Bibel selbst einen hohen Stellenwert.
Es gibt ganze Kapitel, die begeistert davon erzählen, wie der Schreiber mit dem Gesetz (das ist ein anderer Ausdruck für das damals zugängliche Wort Gottes) umgeht, wie beglückend er das empfindet, wie wichtig es ist, das Wort Gottes ernst zu nehmen, „darin zu wandeln", also es in sein Leben zu integrieren. Unter anderem ist das längste Kapitel der Bibel diesem Thema gewidmet: Psalm 119.
Für viele ist allerdings die persönliche Zeit mit Gott eine gefühlte Verpflichtung, der sie nicht jeden Tag und schon gar nicht immer begeistert nachgehen. Oft raffen wir uns nach einer längeren Pause voll schlechten Gewissens auf und lesen irgendetwas: vielleicht die Herrnhuter Losungen – die wenigen Verse sind vom Umfang her überschaubar und für jeden Tag festgelegt. Oder wir greifen uns irgendeinen Bibelvers nach dem Zufallsprinzip heraus – dann kann Gott sich wenigstens das aussuchen, was in meiner Situation gerade wichtig ist. Wir beginnen zum zigsten Mal, die Bibel von Anfang an zu lesen – und spätestens bei den Gesetzestexten in 3. Mose ist der gute Vorsatz dahin. Oder wir greifen zu einem Bibelleseplan, der uns womöglich bequem aufs Handy gesendet wird, zu einem Andachtsbuch oder einem Jahresbibelleseplan.
Das alles ist keineswegs schlecht. Aber für viele von uns ändern diese Hilfsmittel nichts daran, dass Bibellesen mit langen Durststrecken verbunden ist und wir nur schwer ein bisschen Zeit dafür finden zwischen all den anderen Aufgaben und Büchern, die noch dazu viel interessanter sind. Wenn uns die Hartgesottenen dann noch dazu auffordern, für die Zeit mit Gott extra eine Stunde früher aufzustehen, ist schnell der letzte Rest Eigenmotivation dahin.
Auch Anleitungen für die „Stille Zeit", die nach einem genauen Raster festlegen, dass ich mich stets innerlich öffnen, im Gebet die richtige Haltung finden und durch intensives Nachdenken an jedem Tag einen besonderen Gedanken mitnehmen muss, der mein Leben verändert, sind vermutlich nur für die Wenigs-

ten eine tägliche Aufmunterung, die Bibel zur Hand zu nehmen.

Wie können wir dahin kommen, dass wir mit dem Psalmisten sagen (Psalm 119,16–20):

An deinen Bestimmungen habe ich große Freude, dein Wort will ich niemals vergessen. Erweise mir, deinem Diener, deine Güte, damit ich neue Lebenskraft bekomme und dein Wort befolgen kann. Öffne mir die Augen, damit ich die Wunder erkenne, die dein Gesetz enthält! Nur ein Gast bin ich auf dieser Erde, enthalte mir deine Gebote nicht vor. Zu jeder Zeit verzehre ich mich vor Sehnsucht nach deinen Rechtsbestimmungen.

Die meisten von uns würden so eher von ihrem Smartphone sprechen als von ihrer Bibel.

Warum sollen wir überhaupt in der Bibel lesen? Reicht es nicht, der Predigt im Gottesdienst zu folgen und diese umzusetzen? Die wichtigsten Prinzipien des Christseins sind uns ja bekannt: Liebe, Barmherzigkeit, die Zehn Gebote, der Tod von Jesus am Kreuz, die Notwendigkeit der Umkehr ... Der Rest ist vielleicht doch eher was für Theologen?

Der Kirchenvater Hieronymus soll gesagt haben: „Die Schrift nicht kennen, heißt Christus nicht kennen!" Die Bibel ist die Grundlage unseres Glaubens. Und ohne diese Grundlage wird mein Glaube keine Selbst-

ständigkeit bekommen. Dann bin ich nicht urteilsfähig, denn ich habe meine Informationen immer nur aus zweiter Hand. Es gibt Prediger, die sehr überzeugend argumentieren können und dennoch nicht die Wahrheit sagen. Es werden viele Anforderungen an Christen gestellt, moralische Maßstäbe und Regeln. Es gibt christliche Gruppierungen, die behaupten, der Wahrheit näher zu sein als andere. Manche sind der Überzeugung, dass bestimmte Gesetze aus dem Alten Testament für uns bleibende Gültigkeit besitzen, wie zum Beispiel die Sabbatheiligung oder das Spenden des Zehnten. Andere schüren Ängste vor allem Möglichen.

Wir haben es also dringend nötig, die Bibel zu kennen – und zwar gut zu kennen! Denn auch Gottes Widersacher, der Satan, kennt die Bibel und scheut sich nicht, sie zu zitieren, um uns zu verwirren, wie wir in der Versuchungsgeschichte von Jesus deutlich sehen:

Erfüllt mit dem Heiligen Geist verließ Jesus die Jordangegend. Vierzig Tage war er, vom Geist geführt, in der Wüste und wurde vom Teufel versucht. Während jener ganzen Zeit aß er nichts, sodass er am Ende sehr hungrig war. Da sagte der Teufel zu ihm: „Wenn du Gottes Sohn bist, dann befiehl diesem Stein hier, er soll zu Brot werden." Aber Jesus gab ihm zur Antwort: „Es heißt in der Schrift: ‚Der Mensch lebt nicht nur von Brot.'" Der Teufel führte ihn an eine hochgelegene Stelle, zeigte ihm in einem einzigen Augenblick alle Reiche der Erde und sagte: „Alle diese Macht und Herrlichkeit will ich dir geben. Denn mir ist das alles über-

geben, und ich gebe es, wem ich will. Du brauchst mich nur anzubeten, und alles gehört dir." Aber Jesus entgegnete: „Es heißt in der Schrift: ‚Den Herrn, deinen Gott, sollst du anbeten; ihm allein sollst du dienen.'" Der Teufel führte ihn auch nach Jerusalem, stellte ihn auf einen Vorsprung des Tempeldaches und sagte: „Wenn du Gottes Sohn bist, dann stürz dich von hier hinunter! Denn es heißt in der Schrift: ‚Er wird seine Engel schicken, damit sie dich behüten. Sie werden dich auf ihren Händen tragen, damit du mit deinem Fuß nicht an einen Stein stößt.'" Jesus erwiderte: „Es heißt aber auch: ‚Du sollst den Herrn, deinen Gott, nicht herausfordern!" Nachdem der Teufel alles versucht hatte, um Jesus zu Fall zu bringen, ließ er ihn für einige Zeit in Ruhe (Lukas 4,1–13).

Der Teufel führt Jesus – wie schon die Schlange im Paradies – durch Halbwahrheiten in Versuchung. Jesus antwortet allein mit Worten aus der Schrift. Er ließ sich nicht verwirren. Jesus, unser Vorbild in allem, kannte die Schrift wie kein anderer. Eifern wir ihm nach!

Nur wer selbst in der Bibel zu Hause ist, kann beurteilen, was andere behaupten. Und auch Jesus sagt (Johannes 8,31):

Wenn ihr in meinem Wort bleibt, seid ihr wirklich meine Jünger, und ihr werdet die Wahrheit erkennen, und die Wahrheit wird euch frei machen.

Paulus spricht ebenfalls ganz klare Worte über die „heiligen Schriften" (2. Timotheus 3,15b-17):

Du ... bist ja von Kind auf mit den heiligen Schriften vertraut, aus denen du alle Wegweisung bekommen kannst, die zur Rettung nötig ist – zur Rettung durch den Glauben an Jesus Christus. Denn alles, was in der Schrift steht, ist von Gottes Geist eingegeben, und dementsprechend groß ist auch der Nutzen der Schrift: Sie unterrichtet in der Wahrheit, deckt Schuld auf, bringt auf den richtigen Weg und erzieht zu einem Leben nach Gottes Willen. So ist also der, der Gott gehört und ihm dient, mit Hilfe der Schrift allen Anforderungen gewachsen; er ist durch sie dafür ausgerüstet, alles zu tun, was gut und richtig ist.

Und dabei geht es nicht um ein sklavisches Auswendiglernen von Bibelstellen und dogmatischen Zusammenhängen. Das haben zur Zeit von Jesus auch die Schriftgelehrten getan. Und trotzdem lobt er die Sadduzäer nicht für ihre Schriftkenntnis, wenn er zu ihnen sagt (Markus 12,24):

> *Seid ihr nicht deshalb im Irrtum, weil ihr weder die Schrift noch die Kraft Gottes kennt?*

Die Sadduzäer kannten die Schrift! Sie waren eine religiöse Gruppe, die sich sogar damit brüstete, sie besonders genau zu nehmen. Und ausgerechnet sie konfrontiert Jesus. Das Wort Gottes ist nicht wie eine Sammlung von Gesetzen, die man auswendig lernen und nach allgemeingültigen Kriterien anwenden kann. Das Wort Gottes kann man nur mit der Kraft Gottes verstehen, und kennenlernen kann man es nur, wenn man es mit Hilfe dieser Kraft ins Leben integriert. Dafür muss man kein Gelehrter sein. Diese Kraft hat Gott mit dem Heiligen Geist jedem von uns gegeben. Damit ist aber auch jeder von uns selbst verantwortlich, die Schrift kennenzulernen. So gut, dass wir selbst Irrtum von Nicht-Irrtum unterscheiden lernen.

Die Sprüche sagen klipp und klar, welchen Stellenwert der Erwerb von Weisheit (dazu gehört ganz sicher das Kennenlernen des Wortes Gottes) haben sollte: den allerersten und den allerhöchsten:

> *Der Anfang der Weisheit ist: Erwirb Weisheit und um allen deinen Erwerb erwirb Verstand (Sprüche 4,7).*

Das Wort enthält Wunder (Psalm 116,18); es ist die Wahrheit, die frei macht (Johannes 8,31); es ist Wegweisung, die zur Rettung nötig ist; es deckt Schuld auf; hilft, allen Anforderungen gewachsen zu sein; es rüstet aus, alles zu tun, was gut und richtig ist (2. Timotheus 3,15–17); es ist wie ein Feuer und wie ein Hammer, der Felsen zerschlägt (Jeremia 23,29); bewahrt vor dem Tod (Johannes 8,51); ist ein Schwert (Epheser 6,17) und vergeht nicht (Lukas 16,17). Diese Liste könnte man noch fortführen ...

Die Bibel und ihre Autoren lassen keinen Zweifel daran, dass das Studieren des Wortes Gottes, das Ringen um Erkenntnis und das Befolgen des Erkannten so etwas wie eine Gebrauchsanweisung für das Leben ist: Mit ihm gelingt das Leben und ohne es läuft man Gefahr, Schaden zu nehmen.

Warum fällt es den meisten von uns dennoch so schwer, mit Freude und Begeisterung Bibel zu lesen? In Sprüche 2,1–5 verrät Salomo, wie er es machen würde:

> *Mein Sohn, wenn du meine Worte annimmst und meine Gebote bei dir bewahrst, sodass du der Weisheit dein Ohr leihst und dein Herz der Einsicht zuwendest; wenn du um Verständnis betest und um Einsicht flehst, wenn du sie suchst wie Silber und nach ihr forschst wie nach Schätzen, dann wirst du die Furcht des Herrn verstehen und die Erkenntnis Gottes erlangen.*

Neben allem Beten, Ringen und Kämpfen um ein gutes Verständnis der Bibel gibt es noch einen weiteren Aspekt: in ihr suchen, wie man Silber sucht und in ihr forschen, um einen Schatz zu finden. Das klingt wie eine spannende Lebensaufgabe und das ist es auch. Wir sind Schatzsucher!
Wer in einem bestimmten Gelände – zum Beispiel in einem Waldstück – nach Schätzen aller Art sucht, muss das Gelände persönlich betreten. Es hilft nicht, sich von einem anderen beschreiben zu lassen, wie es dort aussieht. Es hilft auch nicht, eine Landkarte auswendig zu lernen. Die Schriftgelehrten zur Zeit von Jesus wären wohl vergleichbar mit solchen Landkartenforschern. Zentimetergenau haben sie sie studiert. Aber Schätze, selbst wenn sie in der Landkarte eingezeichnet wären, findet man nicht am Schreibtisch!
Schätze muss man vor Ort suchen und heben.
Verweilen wir ein wenig im Wald – das ist nämlich ein wunderbares Bild für das Bibellesen.

WIE DAS EINTAUCHEN IN EIN WALDSTÜCK

Stellen Sie sich vor, Sie bekämen den Auftrag, ein Waldstück möglichst genau zu erkunden. Die Wege in diesem Wald sind zusammen etwa 240 km lang. Und in diesem Abschnitt gibt es viele verschiedene Gebiete: helle und lichte mit vielen Laubbäumen, dichte und dunkle Orte mit Unterholz und Gestrüpp, Lichtungen, Bäche, felsige Gegenden mit steilen Wegen und Ebenen mit weichem Boden. Manche Winkel wirken fast wie ein Garten, andere sind undurchdringlich und wieder andere kahl und ungemütlich.

Sie sollen diesen Wald kennenlernen. Aber nicht nur die Wege sollen Sie kennen, sondern auch die wilden Abschnitte: die Trampelpfade und die Klettersteige an den Felsen, die festen und die weichen Untergründe, die trockenen und die feuchten.

Irgendwann sollen Sie wissen, wo welcher Baum steht. Sie sollen feststellen, welche Tiere wo leben und welche Pflanzen sich um die Bäume herum angesiedelt haben. Die Flechten an den Felswänden werden Bilder in Ihrem Kopf malen und die vielen verschiedenen Grün- und Brauntöne vermitteln Ihnen irgendwann ein heimeliges Gefühl.

Eines Tages können Sie die Tiere voneinander unterscheiden und Sie wissen, wie viele es von ihrer Art gibt. Sie wissen schon im Voraus, welcher Vogel bald in den Süden zieht und wann er wieder kommt. Sie kennen die Ameisenhügel so gut, dass Sie eine verirrte Ameise zum richtigen Haufen zurückbringen könnten.

Von jedem Baum kennen Sie den Platz, wissen, wie hoch er ist, wie viele Äste er hat und welche Tiere er beherbergt. Sie kennen die Anzahl der Buchen und der Tannen und all der anderen Bäume und Sträucher und können an ihren Schatten die Uhrzeit ablesen.

Sie sollen den Wald so genau kennen, dass Sie mit verbundenen Augen am Geruch feststellen, wo Sie sich befinden, und anhand der Geräusche den Weg zur nächsten Lichtung finden würden.

Sie kennen den Wald zu jeder Jahreszeit, bei jedem Wetter. Sie wissen, an welchem Platz man gut verweilen kann, wo man trocken bleibt, wo es Beeren gibt und welche Blumen besonders gut duften. Sie ahnen, wo Sie im jeweiligen Augenblick die beste Aussicht haben, und sagen den Füchsen und Hasen persönlich gute Nacht.

Was glauben Sie, wie lange Sie dafür brauchten? Richtig: ein Leben lang – und das würde nicht genügen. Jede freie Minute müssten Sie im Wald verbringen und hätten am Ende Ihres Lebens immer noch unendlich viel nicht entdeckt. Das Gute an der Aufgabe ist: Jeder Erkenntnisgewinn zählt! Ob Sie nun gezielt Bäume zäh-

len oder zufällig im Vorbeigehen feststellen, dass der Bach hier besonders interessant murmelt: Sie sind Ihrem Ziel näher gekommen.

Wie würden Sie damit anfangen? Zunächst einmal: einfach hineingehen. Die Wege entlang spazieren, den Wald auf sich wirken lassen. Sie würden sich einen Überblick verschaffen und allmählich das Wegenetz kennenlernen.
Und dann?
Vielleicht würden Sie dann eine provisorische Karte erstellen. In die könnten Sie einzeichnen, wie die Wege verlaufen, welche eben sind, welche steil, welche trocken und welche matschig. Sie würden nach und nach die Flora und Fauna am Wegesrand erfassen und in Ihre Karte eintragen. Vielleicht haben Sie dann schon einen Lieblingsbaum entdeckt. Und Sie machen sich auf die Suche, wo solche Bäume ebenfalls wachsen. Sie vermessen sie, nehmen sich ein Blatt mit und pressen es. Vielleicht fertigen Sie auch Zeichnungen von diesem Baum an. Eine im Frühling, eine im Sommer, eine im Herbst und eine im Winter.
Und nachdem Sie sich ausgiebig mit dieser einen Baumart beschäftigt haben, schauen Sie sich noch einmal das gepresste Blatt an und bekommen plötzlich die Idee, von jeder Baumart ein Blatt zu pressen und daraus eine Sammlung anzulegen. Und weil die Blätter an den verschiedenen Standorten unterschiedlich groß und

verschieden gefärbt sind, erweitern Sie Ihre Sammlung und beschriften sie mit Datum und Standort.

Irgendwann stellen Sie fest, dass bestimmte Bäume bestimmte Bewohner haben, und gehen der Sache auf den Grund. Sie lernen Insekten kennen, die Sie nie zuvor gesehen haben. Manche sind unscheinbar gefärbt, um in ihrer Umgebung nicht aufzufallen, andere leuchtend bunt. Manche machen Geräusche, andere nicht. Möglicherweise führt Sie diese Entdeckung in schwer zugängliche Gebiete des Waldes und plötzlich stehen Sie auf einer kleinen Lichtung, die man von außen gar nicht sieht. Das könnte Ihr Refugium im Wald werden. Ein Platz, der zum Ausruhen einlädt, vielleicht sogar zum Schlafen.

Während Sie in der Sonne dahindösen, hören Sie vielleicht Spechte bei ihrer Arbeit. Sie versuchen herauszuhören, wie viele da am Werk sind und in welcher Richtung.

Eine Weile kommen Sie jeden Tag hierher und genießen die Ruhe, die gute Luft und die Wärme. Sie merken, wie gut Sie entspannen können, und machen mit geschlossenen Augen Pläne für die nächsten Wochen. Da gibt es einen hohen Felsen, den Sie bisher nur aus der Ferne gesehen haben. Sie haben tatsächlich Lust, ihn zu erklimmen. Aber das ist gar nicht so einfach, weil Sie so etwas noch nie gemacht haben. Stück für

> **Ihre Gedanken gehen eigene Wege, die mit dem Wald nichts zu tun haben. Hier kann man gut die Seele baumeln lassen.**

Stück suchen Sie sich Felsvorsprünge, auf die Sie steigen können. Anfangs kommen Sie nicht weit, aber Sie versuchen es immer wieder und eines Tages haben Sie tatsächlich einen Weg gefunden, um bis ganz nach oben zu klettern.

Sie zeichnen wieder einmal eine Karte, um Ihre Entdeckung festzuhalten. Dabei können Sie auch gleich die Umgebung erkunden. Sie finden vielleicht eine Quelle und erinnern sich daran, dass Sie sich schon einmal gefragt haben, wo der Bach eigentlich seinen Anfang hat. Inzwischen sind Sie im Klettern schon geübt und trauen sich zu, dem Wasserlauf zu folgen. Und natürlich – auch dabei gewinnen Sie ganz neue Eindrücke. Der sonst so sommerlich warme Wald wird auf einmal kühl und feucht. Die grünen Blätter sind dunkler als sonst, sie nehmen einige für

Ihre Sammlung mit. Sie beschließen, das nächste Mal mit einem Thermometer durch den Wald zu gehen und Ihre Karte um diesen Aspekt zu erweitern.

Ihre Gedanken gehen eigene Wege, die mit dem Wald nichts zu tun haben. Hier kann man gut die Seele baumeln lassen. Gedankenverloren schlendern Sie weiter und merken gar nicht, wie Sie den Bach verlassen. Ein Duft holt Sie zurück. An irgendetwas erinnert er Sie. Sie grübeln und dann fällt es Ihnen ein: Ihr kleines Refugium, in das Sie sich schon so oft zurückgezogen haben. Ein neues Forschungsprojekt erweckt Ihr Interesse: Wieso duftet es hier genauso wie dort? Und gibt es noch mehr Plätze mit diesem besonderen Duft? Und wie kann man überhaupt Düfte beschreiben und unterscheiden? Ein neues Notizbuch muss her. Sie fangen an zu schreiben.

Der Bach muss warten. Und die Insekten? Stimmt! Die hatten Sie auch schon mal betrachtet.

Wie wäre es, wenn Sie alle Ihre Ideen in dem Notizbuch festhielten? Und auch die dazu passenden Fragen: Wo entspringt der Bach? Ist es der einzige Bach? Gehört diese Quelle zu diesem Bach? Vielleicht stoßen Sie zufällig auf Antworten.

Aber jetzt gehen Sie dem Phänomen der Düfte nach. Sie beschließen, diese Frage sehr sorgfältig zu behandeln, denn vielleicht kann man die Erkenntnisse auch auf andere Forschungsgebiete anwenden. Systematisch zählen Sie Pflanzen an diesem Ort, begutachten den Untergrund, zählen auch die Ameisenhügel und schauen, ob Sie Spuren von größeren Tieren finden. Diese Ergebnisse nehmen Sie mit zu Ihrem Refugium und machen das gleiche dort noch einmal. Sie erfassen die Unterschiede und Übereinstimmungen und halten erste Ergebnisse fest.

Diese Art von Walderkundung begeistert Sie. Sie machen sich auf die Suche nach neuen Düften und deren Ursache.

So erschließen Sie sich dieses Waldstück immer mehr. Mit der Zeit haben Sie einen Blick für Ihre Umgebung bekommen. Ihre ganz persönliche Fragestellung macht diesen Wald zu einem einzigartigen Platz für Sie. Sie sind der Individualexperte für dieses Stück Land.

Und irgendwann kommen Sie an eine Stelle, an der Sie vielleicht schon hundert Mal waren, und entdecken etwas ganz Neues. Vielleicht stellen Sie fest, dass Sie noch nie darüber nachgedacht haben, dass es ja auch Steine im Wald gibt. Und unter diesem Aspekt weckt der Wald wieder ganz frisch Ihre Neugier.

Die Methoden, diesen Wald zu erkunden, sind so unterschiedlich wie die Menschen. Manche gehen systematisch und planmäßig vor, andere lassen sich vor Ort inspirieren.

◇◇◇◇◇◇◇◇◇◇◇◇◇◇◇◇◇◇◇◇

Dem Ziel, den Wald so gut wie möglich zu erkunden, kommt man mit jedem Besuch im Wald näher.

◇◇◇◇◇◇◇◇◇◇◇◇◇◇◇◇◇◇◇◇

Die einen haben in Ihrem Notizbuch vielleicht viele Zahlen stehen, andere nur bunte Bilder. Die einen kennen einen kleinen Abschnitt mit allen Tieren, die anderen durchstreifen den ganzen Wald und suchen nur die violetten Käfer.

Es gibt Tage, da geht man gedankenverloren und ziellos durch den Wald und nimmt Eindrücke auf, ohne es zu merken. An anderen Tagen macht man sich gezielt auf die Suche nach einem bestimmten Aspekt.

Dem Ziel, den Wald so gut wie möglich zu erkunden, kommt man mit jedem Besuch im Wald näher.

Warum erzähle ich Ihnen das so ausführlich?

Der Wald ist ein Bild für die Bibel. Während wir relativ unbefangen in so einen Wald einfach hineingehen würden, ist die Bibel für uns nicht so leicht zu erkunden. Es gibt Menschen, die schlauer sind als wir,

„geistlicher" und gebildeter. Wir meinen, wir dürften nur glauben, was andere uns zu glauben vorgeben. Erkenntnisse über Gott sind eine Wissenschaft für sich und die Pfade durch die Bibel sind voller Fallstricke. Außerdem kann die Bibel über weite Strecken langweilig sein und wir schaffen es nicht immer, sie mit einer wachen geistlichen Haltung zu lesen. Oft wissen wir nicht, was ein bestimmter Abschnitt für unser Leben bedeuten soll. Es ist bequemer, eine Predigt zu hören und vielleicht ein Andachtsbuch zu lesen, in dem Bibelabschnitte leichter verdaulich ausgelegt werden.

Ich möchte Ihnen mit diesem Buch Mut machen, an die Bibel genauso unbefangen und spontan heranzugehen wie bei einer Wald-Expedition. Ich mache Ihnen Mut, als einziges Ziel zu verfolgen, die Bibel besser kennenzulernen. Egal, wie systematisch oder intuitiv, einfach drauflos!
Es ist erlaubt, jeder Frage nachzugehen, die Ihnen gerade in den Sinn kommt. Es ist erlaubt, einfach zu lesen und ohne spezielle geistliche Erkenntnis wieder aufzuhören. Es ist erlaubt, zwanzig Kapitel auf einmal zu lesen oder eine Woche auf einem Vers herumzukauen. Sie können mitten in einem Kapitel eine Idee bekommen und diesen Gedanken verfolgen statt weiterzulesen.
Sie dürfen Bilder malen, Assoziationen notieren und Wörter zählen. Sie können Listen erstellen und in Tagträume verfallen. Sie dürfen Emotionen haben. Sie dürfen Fragen stellen und Antworten suchen. Und Sie werden merken, dass Sie auf einmal ein Gespür für die Bibel bekommen. Sie werden Lichtungen entdecken, wo vorher nur ein Dickicht zu sein schien. Und Sie werden auf einmal Ideen bekommen, wie Sie bestimmte Fragen beantworten können. Fangen Sie einfach an, gehen Sie in den Wald, zunächst auf den üblichen Wegen. Ihre Neugier wird Sie schon bald weiter hineinführen.
Ich empfehle Ihnen, dabei zunächst auf Hilfsmittel wie Bibel-Kommen-

tare und andere Bücher zu verzichten.
Den Wald würden Sie auch nie so gut kennenlernen, wenn Sie nur eine Landkarte studieren und Baumbestimmungsbücher lesen würden. Die Landschaftsbeschreibung eines anderen würde Ihnen nie den Eindruck vermitteln, den Sie selbst im Wald hätten. Selbst wenn jemand Ihnen lebendig und witzig über seine Tage im Wald berichten würde, könnten Sie den Duft und die Geräusche nicht selbst erleben und würden Sie sich nicht zurechtfinden.
Ich will damit nicht sagen, dass Baumbestimmungsbücher völlig überflüssig sind und Sie für immer auf die Einsichten eines Gelehrten verzichten sollen. Aber nur die eigenen Beobachtungen helfen Ihnen, das für Sie relevante Wissen aus den Büchern zu ziehen.
Auch die beste Predigt kann nicht ersetzen, selbst in der Bibel zu lesen und mit Hilfe des Heiligen Geistes von Gott zu lernen. Es ist ein ganz individuelles Lernen, Sie persönlich können die Bibel kennenlernen wie kein anderer. Sie sind Ihr ganz eigener Individualexperte für die Bibel.

DER BLICK FÜRS GROSSE GANZE: DIE GESAMTE BIBEL LESEN

Wenn Sie ein großes Waldstück erkunden wollen, hilft es Ihnen nicht, wenn Sie sich immer auf den gleichen 100 Quadratmetern aufhalten, die rechts vom ersten Wegabschnitt liegen. Sie tun gut daran, zunächst einmal die ganze 240 km lange Wegstrecke abzugehen. Nicht alles an einem Tag, aber Stück für Stück, täglich ein paar Kilometer. Erst wenn Sie sich so einen allerersten Überblick verschafft haben, können Sie Pläne machen, wie es weitergehen soll. Natürlich reicht es auch nicht, ein einziges Mal die Wege zu gehen und danach immer nur die Lieblingsplätze aufzusuchen. Um den Wald richtig gut kennenzulernen, werden Sie die Wege immer wieder gehen. In jeder Jahreszeit, zu jeder Tageszeit, mal mit einem Fernglas ausgerüstet und ein anderes Mal mit einer Lupe.
So ist es auch mit der Bibel.

Es ist ein lohnendes Ziel, die Bibel einmal am Stück durchzulesen.
Es gibt eine Fülle von Bibelleseplänen, die für jeden Tag im Jahr einen Abschnitt vorschlagen, sodass man nach einem Jahr die ganze Bibel gelesen hat. Man kann sie als Anhaltspunkt verwenden, sollte sich aber keinesfalls bremsen lassen, auch mal längere Abschnitte als angegeben zu lesen.

Sie können aber auch einfach schauen, wie viele Seiten Ihre Bibel hat, und den Umfang dann durch 365 teilen. Dann wissen Sie, wie viele Seiten pro Tag etwa dran sind. Das hat den Vorteil, dass Sie einfach so lange lesen können, wie Sie wollen, und nicht etwa durch einen Plan gebremst werden.
Außerdem können Sie nicht so offensichtlich „in Verzug" geraten.
Sie müssen aber gar nicht unbedingt von vorne beginnen und sich dann Seite für Seite vorantasten. Es lockert das Lesen auf, wenn Sie verschiedene Teile parallel lesen. Einen Abschnitt im Alten Testament, jeweils ein Kapitel von Hiob, Psalmen, Sprüche, Prediger oder Hoheslied, und zum Schluss noch ein Stück im Neuen Testament.
Eine großartige Hilfe sind da Bibelleselesepläne, die chronologisch durch die Bibel leiten. Die Bibel besteht ja aus 66 Einzelbüchern, 39 im Alten Testament und 27 im Neuen. Vor allem im Alten Testament geht es um die Geschichte Israels. Verschiedene Autoren haben dabei verschiedene Abschnitte der Geschichte beschrieben – manche auch den gleichen, nur aus einer anderen Perspektive. Dazu haben auch die Propheten, die zu einer bestimmten Zeit von Gott berufen waren, zu Königen und dem Volk zu sprechen, ihre Geschichte und ihre Botschaften aufgeschrieben. Die Psalmen sind eine Sammlung von Gebeten und Liedern, die

ebenfalls als Reaktion auf bestimmte Ereignisse geschrieben wurden.
Ein chronologischer Bibelleseplan versucht, alle diese Bücher in eine zeitliche Reihenfolge zu bringen. Der große Vorteil ist, dass man durch einen solchen Plan einen Überblick über die Ereignisse bekommt und die gesamte Geschichte des Alten Testaments besser versteht.

Wie auch immer Sie vorgehen: Je öfter Sie die Bibel ganz lesen, desto mehr wird Ihnen auffallen und desto besser erkennen Sie die Weisheit des Wortes Gottes. Und je öfter Sie die Bibel gelesen haben, desto leichter und spannender wird jedes weitere Mal sein.

Bibellesen kann jeder! Es ist nicht schwieriger, als mit offenen Augen durch einen Wald zu wandern. Die Bibel ist allerdings kein Buch wie jedes andere, das ich lese und dann mehr oder weniger gut kenne. In der Bibel wird das Wort Gottes Brot gegenübergestellt, das uns nährt (Matthäus 4,4). Oder mit einem Samenkorn, das Früchte tragen kann (Matthäus 13,23). Die Bibel ist sozusagen ein interaktives Buch. Gott lässt uns durch den Heiligen Geist verstehen, was er uns sagen will. Gott gibt uns Gedanken und Entdeckungen. Er schenkt uns Durchblick, zeigt uns Zusammenhänge, macht uns auf Kleinigkeiten aufmerksam. So, wie Ihr Waldspaziergang immer

anders ausfallen wird als meiner – selbst wenn wir gemeinsam gehen würden –, wird Gott Ihnen beim Bibellesen ganz individuell begegnen, Wir müssen nur anfangen!

Wenn wir lange nicht zu Fuß gegangen sind, werden die ersten Schritte ganz schön beschwerlich sein. Vielleicht reicht es uns nach wenigen hundert Metern schon und wir haben das Gefühl, der Aufgabe nicht gewachsen zu sein. Aber keine Sorge: Die Kondition wird besser. Mit jedem Tag, den wir eine Strecke gegangen sind, fällt es uns leichter und wir kommen weiter.
Mit dem Bibellesen ist es nicht anders. Fangen Sie deshalb ruhig mit wenigen Versen an – dafür aber jeden Tag! Und dann steigern Sie allmählich Ihr Pensum.
Wie bei einer Waldwanderung wird es anstrengende Zeiten geben, wir werden uns vielleicht nicht mehr auskennen und manche Abschnitte langweilig finden. Andere Abschnitte sind brutal, wieder andere so völlig abgefahren, dass sie einem Science-Fiction-Film Ehre machen würden.
Es ist nicht erforderlich, dass wir auf Anhieb alles richtig verstehen. Es geht auch nicht darum, so lange auf einem Vers herumzutreten, bis alles platt ist. Zunächst einmal ist es angesagt, „Kilometer zu machen".
Das ist das Überblick-Verschaffen im Wald: Lesen, lesen, lesen. Die Bibel ist ein Geschichtenbuch, das die große Geschichte Gottes mit den Menschen erzählt, keine Zitatensammlung (bis auf die Sprüche). Und Geschichten liest man am Stück. Versuchen Sie, die Bibel einmal im Jahr durchzulesen. Keine Sorge, das wird nicht langweilig – im Gegenteil, es wird mit jedem Durchgang spannender.

Ganz hinten in diesem Buch finden Sie einige Tabellen mit Kästchen für jedes Kapitel in der Bibel. Darin können Sie jedes Kapitel, das Sie gelesen haben, ankreuzen. Und nächstes Jahr wieder ... Dann sehen Sie, welchen Fortschritt Sie machen.

Bitten Sie Gott, mit Ihnen durch die Bibel zu gehen. Bitten Sie ihn darum, Ihnen Weisheit zu geben. Wenden Sie Ihr Herz der Aufgabe zu, in der Bibel zu lesen.

◇◇◇◇◇◇◇◇◇◇◇◇◇◇◇◇◇◇◇◇

SIE WERDEN STAUNEN, WIE VIEL ES ZU ENTDECKEN GIBT.

◇◇◇◇◇◇◇◇◇◇◇◇◇◇◇◇◇◇◇◇

ALLEIN ODER GEMEINSAM?

In der täuferisch-mennonitischen Gemeindetradition, in der ich zuhause bin, ist Bibelauslegung Gemeinschaftssache. Das gemeinsame Bibellesen ist ein wichtiger Bestandteil unseres Lebens als Kirche. Die Geschwister unterstützen sich gegenseitig in der Erkenntnis und in der Umsetzung.

Auch angesichts dieser Tradition halte ich das persönliche Bibellesen für sehr wichtig. So richtig viel zu lesen, ist in einer Gruppe allerdings schwieriger. Und wie sollte eine Gruppe die ganze Bibel im Blick haben, wenn jeder nur während der Treffen in seiner Bibel liest und man dann auch nur auf die gemeinsam erworbenen Kenntnisse zurückgreifen kann? Wie kann es zu einem fruchtbaren Austausch kommen, wenn alle immer nur auf dem gleichen Kenntnisstand sind?

Für sich Bibel zu lesen, bringt daher immer auch Gewinn für die Gemeinschaft. Und umgekehrt: Wenn ich viel alleine in der Bibel lese, bringt mir das gemeinschaftliche Bibellesen ebenfalls einen größeren Gewinn. Denn wer viel weiß, dem fällt viel auf. Oder, um es mit Goethe zu sagen: „Man sieht nur, was man weiß!"

Beim Allein-Lesen kommt es also weniger auf die Erkenntnis und die Auslegung als vielmehr auf die Orientierung an. Es geht darum, sich in der Bibel auszukennen, die Geschichten und die Geschichte zu kennen, Gottes Heilsplan und seine Ausführung. Es geht darum, die Personen zu kennen, Prinzipien zu erkennen und eine Fülle von Fakten in den Kopf zu kriegen.

Beides ist also wichtig: Der Einzelne braucht beim Bibelauslegen die Gemeinschaft als Korrektiv. Und die Gemeinschaft braucht den Einzelnen mit seiner Bibelkenntnis als Ressource und um ins Gespräch zu kommen.

Für sich Bibel zu lesen, bringt daher immer auch Gewinn für die Gemeinschaft. Und umgekehrt.

BEVOR ES LOSGEHT: IHRE PERSÖNLICHEN NOTIZEN

Wenn Sie Ihr Waldstück so richtig gut kennenlernen wollen, dann kommen Sie nicht umhin, sich Notizen zu machen, Zeichnungen anzufertigen und Ihre Gedanken aufzuschreiben. Die Notizen dienen dazu, sich wichtige Dinge zu merken, verschiedene Erkenntnisse miteinander zu vergleichen oder Beobachtungen über einen langen Zeitraum hinweg immer wieder zu ergänzen. Sie können auch verwendet werden, um anderen Menschen etwas zu zeigen. Sie helfen bei statistischen Arbeiten. Wer nichts notiert, vergisst das Wichtigste. Und schließlich dienen Notizen auch dazu, seinen eigenen Fortschritt zu dokumentieren.

Beim Bibellesen ist das nicht anders: Auch hier geht es viel ums Schreiben. Jeder von uns hat eine individuelle Handschrift; es gibt Normschriften und Zierschriften. Schreiben macht etwas mit uns. Es verändert uns, wir können Erlebtes verarbeiten oder Gedanken verinnerlichen – viel mehr, als wenn wir nur lesen. Egal, ob wir unsere eigenen Gedanken zu Papier bringen oder ausgewählte Texte abschreiben. Wichtig ist es dabei, dass wir von Hand schreiben. Vielleicht haben Sie das schon lange nicht mehr gemacht und Sie schreiben nur noch am Computer oder tippen in Ihr Smartphone. Dann entdecken Sie das Schreiben von Hand neu für sich!

Wir alle sind Jünger von Jesus – das bedeutet: Schüler. Als Schüler mussten wir viel schreiben – und das nicht ohne Grund. Schreiben bildet unseren Geist ebenso wie das Lesen. Wir mussten aber auch viel abschreiben (und auswendig lernen). Auch das Abschreiben ist eine besondere Disziplin: Damit leben wir einen wichtigen Teil unserer Jüngerschaft. Wir erkennen damit die Gedanken Gottes als gut und wichtig und richtig an. Wir lernen damit von unserem Meister! Die Schüler eines großen Malers (wie zum Beispiel Rubens) waren jahrelang damit beschäftigt, seine Gemälde abzumalen und sich dadurch seine Technik und Farbgestaltung zu eigen zu machen. Auch Bibelverse abzuschreiben ist eine Schule des Denkens und der Kontemplation. Wir müssen nicht immer selbst etwas Neues formulieren, sondern können in Gottes Formulierungen eintauchen.

Ihre Notizen sind natürlich nur für Sie bestimmt. Niemand darf in Ihre Notizen schauen, und niemand wird Ihre Handschrift oder Ihre Rechtschreibung kommentieren. Groß- und Kleinschreibung sind unwichtig, vergessen Sie die Grammatik. Es wird kein Aufsatz nach Schulkriterien verlangt. Schreiben Sie frei von der Leber weg. Aber schreiben Sie! Und seien Sie kreativ!

Am Anfang des neuen Bibellesens steht also, dass Sie sich ein Notizbuch kaufen. Suchen Sie sich ein schönes aus! Eines, das Sie gerne in die Hand nehmen und das würdig ist, die wichtigsten Gedanken dieser Welt aufzunehmen.

Wie Sie dieses Notizbuch führen, ist natürlich eine Geschmacksfrage. Vielleicht haben Sie schon Notizbücher für verschiedene Projekte geführt und haben ein System dafür entwickelt.

Falls nicht, stelle ich Ihnen ein System vor, das sich für mich bewährt hat. Es ist die gleiche Methode, die mit dem „Bullet Journal" in Mode gekommen ist.

Dafür nummerieren Sie die Seiten Ihres Notizbuches und reservieren die ersten beiden Seiten (je nach Umfang Ihres Buches) für ein Inhaltsverzeichnis. Dieses ergänzen Sie dann mit jeder Seite, die Sie beschrieben haben.

Und nun füllen Sie Seite für Seite, der Reihe nach. Jede Idee und jeder Gedanke bekommen eine eigene Seite. Im Inhaltsverzeichnis finden Sie es dann jeweils wieder. Wenn Sie mehr als eine Seite benötigen, nehmen Sie die nächste freie Seite hinzu und schreiben „Fortsetzung von Seite ..." darüber. Auf die alte Seite schreiben Sie „Fortsetzung auf Seite ...".

In diesem Notizbuch halten Sie alles fest, was Ihnen an Gedanken oder Ideen kommt und welche Verse Sie besonders schön finden.

Wenn Sie – so wie ich – sehr sparsam erzogen wurden, scheuen Sie sich vielleicht, eine neue Seite anzufangen, wenn der Gedanke es mög-

licherweise gar nicht wert ist. Oder Sie wollen das Notizbuch so perfekt führen, dass alle Seiten gleich gut werden. Aber solche Gedanken bremsen Ihre Kreativität. Jede Idee soll die Chance haben, zu einer brillanten Idee zu werden. Keine Seite ist zu schade! Und wenn Sie einen Gedanken nicht fortsetzen oder die Idee wieder verwerfen, macht das nichts!

Irgendwann, vielleicht wenn das Notizbuch voll ist, blättern Sie alle Seiten durch und das, was Ihnen dann wertvoll erscheint, können Sie noch einmal in einem anderen Buch festhalten. Sozusagen ins Reine schreiben. (Siehe dazu das Kapitel: ... und wenn die Kreativität ausbleibt?)

Jetzt geht es los. Machen Sie es sich bequem. Halten Sie Stifte und Notizbuch griffbereit. Schlagen Sie die Bibel auf und fangen Sie an zu lesen. Wenn Sie noch nie vorher Bibel gelesen haben, ist es sinnvoll, bei einem Evangelium zu beginnen (z. B. dem Lukasevangelium) oder einige Psalmen zu lesen. Sollten Sie sich grundsätzlich schon auskennen, können Sie natürlich auch bei der Schöpfung beginnen, oder bei einem Brief im Neuen Testament. Lesen Sie, so weit Sie kommen, lassen Sie die Kapitel fließen. Kreuzen Sie am Ende Ihrer Lesezeit die gelesenen Kapitel im Kapitelverzeichnis am Ende dieses Buches ab und freuen Sie sich am Fortschritt.

Und so, wie Sie im Wald nicht nur spazieren gehen und den Weg vor sich sehen, sondern auch links und rechts schauen, Steine aufheben,

Blätter sammeln und Gerüche und Geräusche wahrnehmen, werden Sie auch in der Bibel immer mehr entdecken.

In den folgenden Kapiteln stelle ich Ihnen verschiedene Möglichkeiten vor, was Sie mit dem Gelesenen tun können oder auch, wie Sie sich beim Lesen mit der Bibel beschäftigen können. Das sind Anregungen, die Sie aufgreifen können und weiterentwickeln oder verändern – ganz nach Ihrer eigenen Art.

Es sind Vorschläge, wie Sie die Bibel ganz persönlich und individuell kennenlernen können.

Wenn Sie die Bibel zum ersten Mal ganz durchlesen, fällt Ihnen vielleicht nicht so viel auf. Lesen Sie trotzdem weiter. Schreiben Sie Verse, die Sie ermutigen, ab: ins Notizbuch, auf Kärtchen, die Sie mitnehmen, als SMS zum Verschicken ... Malen Sie die Verse, die Sie wiederfinden wollen, mit einem Buntstift an. Kreuzen Sie die Kapitel an, die sie gelesen haben, um Ihren Fortschritt beobachten zu können. Beim zweiten Mal fällt Ihnen schon mehr auf. Sie erkennen Parallelen zu anderen Stellen in der Bibel oder stolpern vielleicht über Widersprüche – Aussagen, die Sie anders in Erinnerung hatten. Und beim dritten und vierten bemerken Sie noch viel mehr. Sie werden sehen: Von Mal zu Mal wird Ihnen die Bibel vertrauter und gleichzeitig entdecken Sie Dinge, die Ihnen vorher nicht aufgefallen sind.

Denken Sie daran: Bei allem, was Sie aufschreiben, sammeln oder kreativ bearbeiten, geht es um Ihre subjektive Wahrnehmung. Sie müssen kein Lexikon schreiben, keine Predigt und auch keine theologische Abhandlung. Sie müssen Ihre Gedanken niemandem präsentieren und sich nirgends damit rechtfertigen. Die Farben, die Sie benutzen, müssen ganz allein Ihnen gefallen und die Verse, die Sie abschreiben, müssen keinem anderen etwas bedeuten.

Hier ist Raum für Ihre Notizen

Hier ist Raum für Ihre Notizen

Für kreative Typen ist jeder Waldspaziergang eine Schatzsuche. Wer kreativ ist, kann sich mit Bäumen unterhalten. Ein Wald ist niemals nur eine Ansammlung von Bäumen, sondern Bühne, Schauplatz, Lehrsaal und Geheimversteck. Die Tiere sind Schauspieler, die Blumen das Bühnenbild und Steine Insignien. Kein Besuch gleicht dem anderen und Langeweile ist das Letzte, was aufkommt. Und Fantasie muss uns ja nicht daran hindern, vernünftige Forschungsarbeit zu betreiben. Oder anders gesagt: Warum sollte ich die Bäume beim Zählen nicht auch umarmen dürfen?

Kreativität und ernsthaftes Erforschen des Waldes schließen sich nicht aus.

Auch ernsthaftes Bibellesen und Kreativität schließen einander nicht aus. Kreativität und Fantasie können Schlüssel dafür sein, Freude am Bibellesen zu entwickeln. Und Freude ist wichtig, um dranzubleiben. Die Bibel ist niemals nur eine Ansammlung von Wörtern, sondern Bühne, Schauplatz, Lehrsaal und Geheimversteck. Die Bibel ist geeignet für ein Zwiegespräch! Für den Kreativen ist jede Lesezeit eine Schatzsuche.

Sehen Sie sich nur die Schöpfung an: eine Pfauenfeder, eine Kirschblüte, einen Sonnenuntergang. Hören Sie die Geräusche: einen Vogel, ein Konzert, ein Gewitter.
Riechen Sie die Düfte: einer Orange, der Haut eines Babys, eines Waldes.

Fühlen Sie die Welt: das Fell einer Katze, Regen auf der Haut, Dornen an den Waden. Schmecken Sie das Gute: eine Himbeere, gebratenes Fleisch, einen Schluck Wein.

Seien auch Sie kreativ. Wenn Sie bis jetzt nicht kreativ waren, fangen Sie damit an. Das ist Teil Ihrer Schöpfung und damit loben Sie Gott. Es ist ein ebenso angemessener Umgang mit seinem Wort wie etwa das Studieren der Bibel.

Auf den folgenden Seiten finden Sie einige Ideen, wie Sie mit Bibeltexten umgehen können. Nehmen Sie Ihr Notizbuch und fangen Sie an. Lesen Sie und schreiben Sie auf! Begeben Sie sich auf Schatzsuche …

WENN WIR KREATIV SIND, NEHMEN WIR EIN WICHTIGES GESCHENK GOTTES AN: DIE EBENBILDLICHKEIT! DENN GOTT IST KREATIV.

WENN'S LANGWEILIG WIRD …

Manche Sachen muss man einfach abhaken.

Machen wir uns nichts vor: Es gibt viele Kapitel in der Bibel, die langweilig sind: Stammbäume, Gesetzestexte, Landaufteilung, prophetische Texte … Dennoch sind sie Teil der Bibel und wir haben uns vorgenommen, alles zu lesen.

Wenn Kinder auf einen langweiligen Spaziergang mit Erwachsenen mitgehen müssen, dann haben sie ihre eigene kreative Art, den Weg interessant zu gestalten. Sie hüpfen, laufen voraus und warten an einem Platz, wo es etwas zu sehen gibt – und sei es nur eine Ameise.

Sie suchen sich einen großen Stock, den sie durch das Gelände mitschleifen können. Sie fühlen die Rinde von jedem Baum, laufen Schmetterlingen hinterher, gehen rückwärts oder versuchen, am Boden keine Wurzel zu berühren.

Erinnern Sie sich an Ihre eigenen Erfahrungen und finden Sie Analogien zum Lesen. Machen Sie ein Wettrennen mit sich selbst: Wie lange brauchen Sie, um eine Seite richtig zu lesen (nicht nur zu überfliegen)? – Wieso üben Sie nicht das Schnelllesen an solch einem Text?

Lesen Sie auf einem Bein stehend, singend, in der Sonne liegend …

Laufen Sie bei den Stammbäumen voraus und „warten" Sie an Stellen, an denen der Text unterbrochen ist von einer Information zu einer Person. Diese Stelle können Sie markieren, um sie beim nächsten Mal schneller zu finden.

Finden Sie Ihre eigene kreative Art.

JETZT WIRD'S BUNT

Bei Ihren Erkundungsgängen durch den Wald kann es sinnvoll sein, sich manche Stellen zu markieren. Weggabelungen zum Beispiel. Oder Sie verwenden kleine Schilder, auf die Sie die Namen der Bäume schreiben, die Sie schon bestimmt haben. Sie markieren einen Beobachtungsposten oder die Stelle, auf die Sie den Fotoapparat legen, um immer den gleichen Ausschnitt zu fotografieren.

Genauso können Sie in der Bibel selbst arbeiten.
Sie können sich dafür Bibelmarkierstifte kaufen. Buntstifte, die nicht zu weich sind, erfüllen den gleichen Zweck und haben den Vorteil, dass es mehr Farben zur Auswahl gibt. Außerdem können Sie die Buntstifte gleich für die anderen kreativen Ideen verwenden.

> WAS IST IHNEN WICHTIG? NAMEN UND EIGENSCHAFTEN GOTTES? VERHEISSUNGEN? ANWEISUNGEN FÜR DAS ALLTÄGLICHE LEBEN?

Markieren Sie zum Beispiel Verse, die Sie wieder finden wollen. Sie können auch mit System in der ganzen Bibel Unterstreichungen durchführen. Dafür gibt es schon ausgetüftelte Bibelmarkiersysteme. Sie können aber ebenso gut – oder sogar besser noch – Ihr eigenes System entwickeln.

Was ist Ihnen wichtig? Namen und Eigenschaften Gottes? Verheißungen? Anweisungen für das alltägliche Leben? Systeme, die andere entwickelt haben, müssen ja für Sie nicht unbedingt passen.
Sie können jeder Information eine eigene Farbe zuordnen und beim Lesen unterstreichen. Es macht Spaß, wenn die Bibel bunt wird und man auch daran seinen Lesefortschritt erkennt.

Allerdings sollten Sie dabei immer bedenken: Was Sie direkt in der Bibel

malen, bleibt. Buntstift lässt sich nur schwer ausradieren. Wenn Sie die Bibel dann zum zweiten Mal durchlesen, sollte Ihr Markierungssystem immer noch hilfreich sein und nicht verwirrend.

Deshalb kann es sinnvoll sein, vorsichtig mit dem Unterstreichen zu beginnen.

Es ist denkbar, bei jedem Lesezyklus nur jeweils ein Thema zu unterstreichen. Notieren Sie sich, welche Themen Ihnen einfallen, und entscheiden Sie beim Start des neuen Lesezyklus, mit welcher Farbe Sie sich welcher Information widmen wollen. Auf diese Weise haben Sie Zeit, sich Gedanken zu machen, was wirklich lohnenswert ist.

Beginnen Sie mit hellen Farben und wählen Sie dann nach und nach dunklere.

Ein weiterer Nachteil, wenn man systematisch in der Bibel unterstreicht, ist, dass sich in manchen Versen Themen überschneiden und man diese Verse dann mit mehreren Farben gleichzeitig unterstreichen müsste. Das ist dann zwar schön bunt, aber eher unübersichtlich.

Wenn man dagegen Themensammlungen im Notizbuch anlegt, kann man jeden Vers so oft verwenden wie nötig.

JÄGER UND SAMMLER

So wie ein Wald unzählige Möglichkeiten bietet, Sammlungen anzulegen (Blätter, Steine, Käfer ...), bietet das auch die Bibel.

Die Sammlungen, die ich hier vorschlage, sind etwas persönlicher. Es gibt biblische Nachschlagewerke, in denen andere gesammelt haben, was ihnen wichtig erschien: Konkordanzen, Themenverzeichnisse, Kettenverzeichnisse ...

Aber in welchem Buch stehen zum Beispiel lustige Texte aus der Bibel? Oder wo sehe ich, welche Organe des menschlichen Körpers in der Bibel beschrieben werden? Das sind Dinge, die für die großen theologischen Erörterungen nicht so wichtig sind, aber für Sie vielleicht interessanter? Im Laufe Ihrer Erkundungsgänge durch die Bibel fallen Ihnen irgendwann Wörter oder Bemerkungen auf, die Ihr Interesse wecken. Und genau diese sollen in Ihre Sammlungen eingehen.

Das sind Listen, die Sie anlegen und nach und nach ergänzen. Und zwar genau mit dem Vers, der gerade Ihr Interesse an diesem Begriff oder jenem Thema geweckt hat.

Hier noch einmal das Beispiel der Organe: Das erste Mal wurden Sie vielleicht in Hiob 38,36 aufmerksam, dass hier von zwei menschlichen Organen die Rede ist und ihnen jeweils eine Eigenschaft zugeeignet wurde:

> „Wer hat Weisheit in die Nieren gelegt, oder wer hat dem Herzen Verstand verliehen?"

Das interessiert Sie. Sie legen also eine neue Sammlung in Ihrem Notizbuch an: „Menschliche Organe." Und jedes Mal, wenn Ihnen beim Bibellesen auffällt, dass von einem menschlichen Organ die Rede ist, schreiben Sie sich den Vers auf. Vielleicht beim nächsten Mal im Neuen Testament in Matthäus 15,17–18:

> „Versteht ihr denn nicht, dass alles, was man durch den Mund in sich aufnimmt, in den Magen gelangt und dann wieder ausgeschieden wird, was jedoch aus dem Mund herauskommt, kommt aus dem Herzen, und diese Dinge sind es, die den Menschen unrein machen."

Diese Sammlung wächst langsam, aber stetig. Irgendwann schauen Sie sich diese Liste dann an und beginnen ganz automatisch, sich Gedanken darüber zu machen. Sie entdecken vielleicht einen Zeitungsartikel, in dem vom Zusammenhang von Emotionen und Organbeschwerden die Rede ist, und halten nun Ausschau nach Parallelen.

Es gibt wirklich unzählige Themen, die man in solchen Sammlungen erfassen könnte, und wieder gilt: Jeden interessieren andere Dinge.

- Eigenschaften Gottes
- Umgang mit Geld und Reichtum
- Farben, Tiere, Pflanzen …
- Verheißungen, die Mut machen
- Gedanken zum Sabbat
- Verse zum Weitergeben

Wenn Sie interessante Artikel oder Zitate in Zeitungen oder Zeitschriften entdecken, die zu Ihrer Liste passen, können Sie diese natürlich auch hinzufügen. Es gibt nichts, was nicht erlaubt ist. Ziel ist es, sich mit einer Idee oder einem Thema zu beschäftigen, das Ihnen ins Auge gesprungen ist.

Notizen

◊◊◊◊◊◊◊◊◊◊◊◊◊◊◊◊◊◊◊◊

Selbst wenn Sie eine Weile nur Verse abschreiben, in denen eine Farbe vorkommt, schreiben Sie doch Wort Gottes ab.

◊◊◊◊◊◊◊◊◊◊◊◊◊◊◊◊◊◊◊◊

Sie denken, dass es keinen geistlichen Wert hat, über Farben in der Bibel nachzudenken? Aber wenn Sie im Wald spazieren gehen und sich vornehmen, nur nach gelben Blumen Ausschau zu halten, nehmen Sie doch links und rechts auch andere Eindrücke auf. Sie spüren die Kälte, hören die Insekten und orientieren sich automatisch an bekannten Bäumen. Und nach diesem Waldspaziergang sind Sie Ihrem Ziel, den Wald besser kennenzulernen, wieder einen Schritt nähergekommen. So ist es auch in der Bibel: Selbst wenn Sie eine Weile nur Verse abschreiben, in denen eine Farbe vorkommt, schreiben Sie doch Wort Gottes ab. Sie lesen auch die Wörter drum herum und Ihr Gehirn verarbeitet von ganz allein die Zusammenhänge. Und wer weiß, was Gott Ihnen durch so ein scheinbar nebensächliches Thema zeigen will.

MENSCHEN WENDEN SICH AN GOTT

Eine besondere Sammlung sind Gebete. In der Bibel finden wir immer wieder Gebete, mit denen Menschen in besonderen Lebensumständen sich an Gott wenden. Viele davon finden sich in den Psalmen, aber auch in fast allen anderen Büchern der Bibel stehen Gebete von Menschen, die Gott aus tiefstem Herzen anrufen. Schreiben Sie die Gebete, die Sie besonders ansprechen, auf. Notieren Sie sich Wörter, die Sie besonders treffend oder ausdrucksstark finden. Manchmal kommen wir in Situationen, in denen es uns schwerfällt, eigene Worte zu finden. Dann können wir auf eine Sammlung von Gebeten zurückgreifen, die andere bereits formuliert haben.

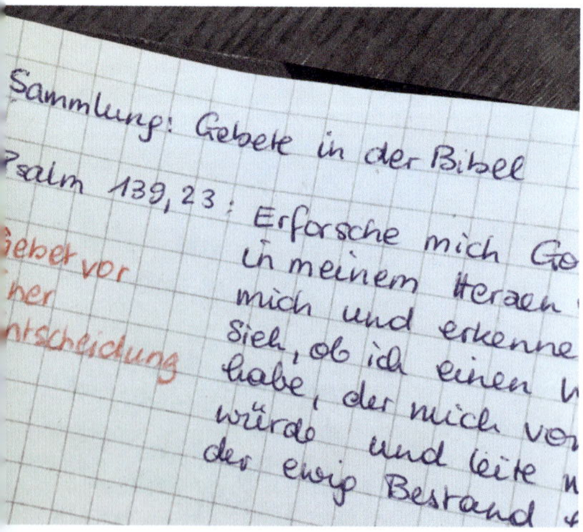

◇◇◇◇◇◇◇◇◇◇◇◇◇◇◇◇◇◇◇◇◇◇◇◇

SCHREIBEN SIE DIE GEBETE, DIE SIE BESONDERS ANSPRECHEN, AUF. NOTIEREN SIE SICH WORTE, DIE SIE BESONDERS TREFFEND ODER AUSDRUCKSSTARK FINDEN.

◇◇◇◇◇◇◇◇◇◇◇◇◇◇◇◇◇◇◇◇◇◇◇◇

Wenn Sie schon einige Gebete in Ihre Liste aufgenommen haben, können Sie diese auch sortieren nach Situationen, in denen man sie gebrauchen kann: Tod und Trauer, Freude, Dankbarkeit, Suche nach dem richtigen Weg, Buße und Bitte um Vergebung, Fürbitte …
Oder Sie geben den Gebeten eigene Überschriften, die Ihnen helfen, sie wieder zu finden, wenn Sie sie brauchen.

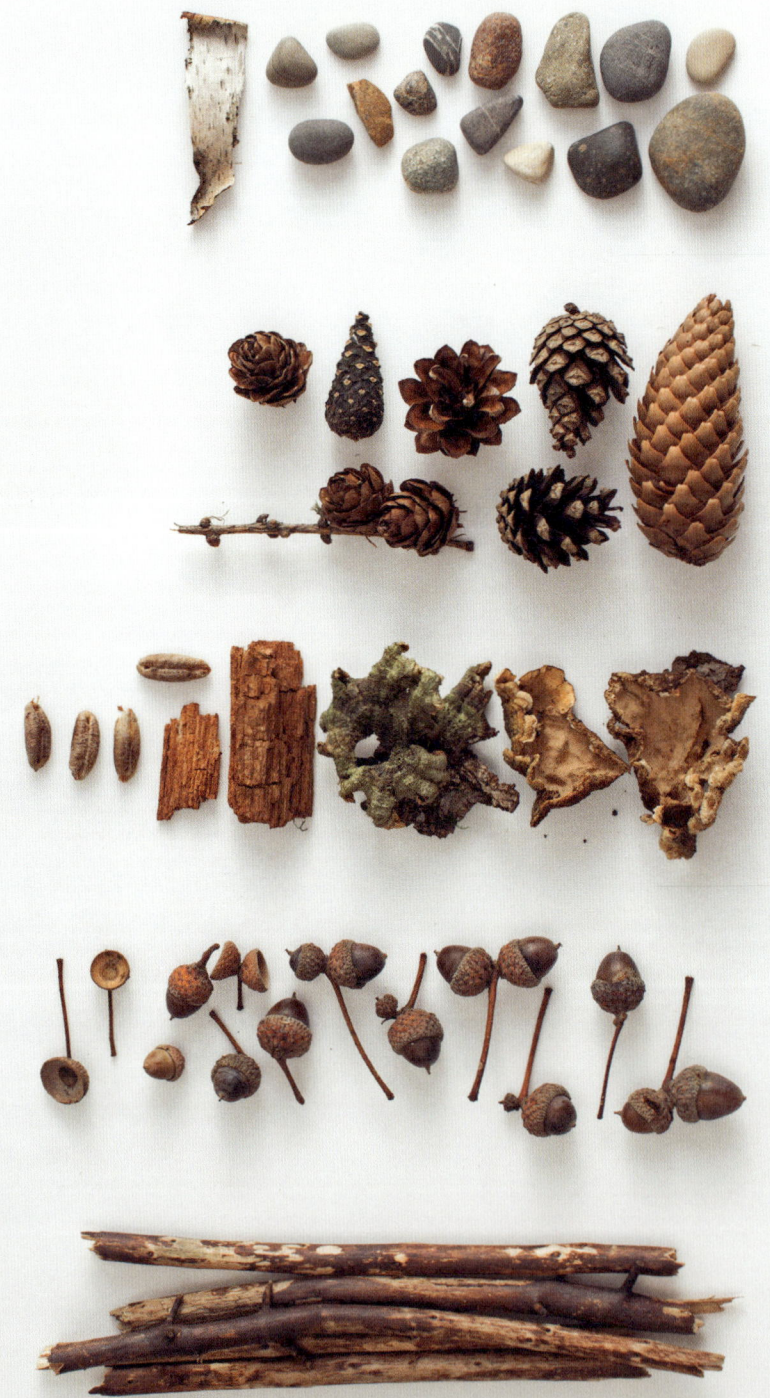

MIT LISTEN ZUSAMMEN-HÄNGE ERFORSCHEN

Eine spezielle Form zu sammeln, besteht darin, Listen anzulegen. Hier stellen Sie alle relevanten Punkte einer Sache zusammen. Listen sind vielleicht ein bisschen sachlicher als Sammlungen und haben eine Chance auf Vollständigkeit. Aber es gibt sicher Überschneidungen.

Eine Liste ergeben zum Beispiel die Schöpfungstage. Manche Listen finden wir schon in der Bibel: Die Zehn Gebote, die zwölf Stämme Israels, die verschiedenen Aspekte der Frucht des Geistes Gottes …

Manche muss man sich zusammensammeln, wie die Richter, die Könige Israels, die „Ich-bin-Worte" von Jesus, die „Wolke der Zeugen" (Hebräer 11), die Bücher der Bibel, die zwölf Apostel.

Listen bilden so etwas wie Strukturen in der Bibel. Wer die Namen und die Reihenfolge der israelitischen Könige auswendig kann, hat gleichzeitig ein geschichtliches Grundgerüst des Alten Testaments. Die „Ich-bin-Worte" von Jesus geben einen tiefen Einblick in sein Selbstverständnis und seine Identität.

Jeden Punkt der Liste können Sie ergänzen mit weiteren Informationen: Zum Beispiel können Sie zu den Königen Israels und Judas hinzufügen, wie lange ihre Regierungszeit war, ob sie gottgefällig gelebt haben und was Ihnen sonst noch interessant erscheint.

Die Wolke der Zeugen können Sie mit interessanten Details aus ihrem Leben ergänzen. Und so weiter!

Manche Listen gibt es mehrfach in der Bibel: Geistesgaben zum Beispiel. Da lohnt sich ein Vergleich.

Auch geschichtliche Abläufe lassen sich in Listenform darstellen und eignen sich für Vergleiche. Die Geschehnisse rund um die Kreuzigung von Jesus etwa. In jedem Evangelium werden andere Aspekte beschrieben. Lassen sie sich synchronisieren? Erfährt man durch die Unterschiede etwas über den Autor und dessen Absichten?

Ihre Listen müssen keinen Anspruch auf Vollständigkeit erheben oder in den Augen eines anderen sinnvoll sein. Es ist Ihr Weg, den Sie einschlagen. Haben Sie Mut zur Lücke. Wenn Ihnen spontan eine Idee kommt, gehen Sie ihr einfach nach. Wenn die Idee ins Stocken gerät, lassen Sie sie liegen. Wer weiß, wofür der Weg gut war?

WENN ZAHLEN SPRECHEN

Statistiken über Wälder gibt es im Überfluss. Wenn Sie Ihr Waldstück erforschen, erstellen Sie natürlich auch Ihre eigenen Statistiken. Sie messen Wege ab, zählen Bäume, beobachten, welche Zugvögel als erste im Jahr eintreffen. Sie beobachten den Schädlingsbefall und fertigen eine Tabelle oder ein Schaubild dazu an. Sie finden heraus, wie viele Insektenarten in Ihrem Waldstück leben und wo sich ihr Lebensraum befindet. Sie zählen Ameisenhaufen, Beerensträucher, Pilzarten und Flechten. Und weil es Spaß macht, zählen Sie einen ganzen Tag lang, wie oft das Käuzchen ruft.

Genauso können Sie bei Ihren „Erkundungsgängen" durch die Bibel vorgehen. Erstellen Sie Ihre eigenen Statistiken.

Zählen Sie selbst, wie viele „Ich-bin-Worte" im Johannesevangelium stehen.

Und prüfen Sie nach, ob es in der Bibel wirklich 365 Mal „Fürchte dich nicht" heißt.

Entdecken Sie den längsten und den kürzesten Vers.

Ermitteln Sie, wie lange die durchschnittliche Regierungszeit eines Königs in Israel dauerte.

Zählen Sie Wörter, Könige, Aussagen, Verse, Tote, Berufe, Gaben ...

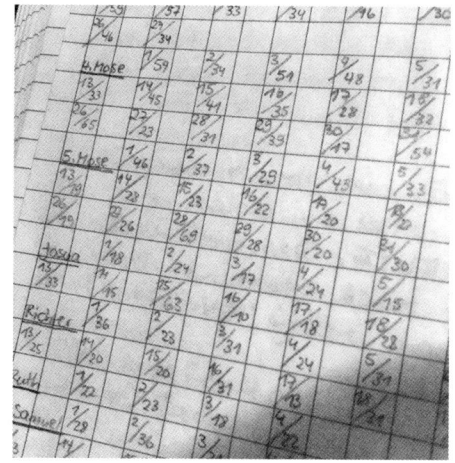

Was immer Ihr Interesse weckt, ist geeignet, es auch statistisch zu betrachten. Zu zählen gibt es viel!

Auch das ist eine Art, sich mit der Bibel zu beschäftigen. Es muss nicht nur Lesen sein. Und wer weiß, welches überraschende Ergebnis ein neues Licht auf Ihre bisherigen Kenntnisse wirft?

UND WEIL ES SPAß MACHT, ZÄHLEN SIE EINEN GANZEN TAG LANG, WIE OFT DAS KÄUZCHEN RUFT.

IN DER BIBLIOTHEK

Wer ein Waldstück erkundet, kann den Wald wie einen Wald behandeln. Dazu gehören Bestimmungen, um welche Art Wald es sich handelt: Ist es ein Regenwald, ein immergrüner Wald, ein Laubwald, ein Mischwald? Auch die klimatischen Bedingungen des Waldes sind wichtig, die Bodenbeschaffenheit, die Flora und Fauna. Je nach Bedeutungszusammenhang wird anders über den Wald gesprochen (alltagssprachlich, geografisch, biologisch, juristisch, ökonomisch, forstwirtschaftlich, kulturell).

Die Aufzeichnungen lassen sich in Form einer Erzählung darstellen oder in einer Aufzählung. Tabellarisch, in persönlichen Worten oder nüchtern und wissenschaftlich formuliert.

Wer die Bibel erkundet, kann die Bibel wie ein Buch – oder besser gesagt: wie eine Sammlung von Büchern, eine Bibliothek – behandeln. In der Schule haben wir gelernt, Bücher zu lesen, zu analysieren, zu interpretieren. Und wir haben gelernt, verschiedene Arten von Texten zu verfassen, in denen wir das dann festhalten: Vom Exzerpt bis zur Nacherzählung gibt es unzählige Arten und Methoden.

Das Ziel jeder Methode soll sein, sich den Inhalt zu merken und sich Notizen zu schaffen, die eine gute Zusammenfassung oder einen guten Überblick geben. Ein gutes Ergebnis wäre, wenn Sie zum Schluss ein kleines Notizbuch hätten, das wie ein Inhaltsverzeichnis zur Bibel ist, in dem

Das Ziel jeder Methode soll sein, sich den Inhalt zu merken und sich Notizen zu schaffen, die eine gute Zusammenfassung oder einen guten Überblick geben.

Sie nachschlagen können und dann schnell orientiert sind.

Es gibt natürlich viel mehr Möglichkeiten als die hier vorgestellten. Wählen Sie Ihre eigene Methode aus!

Erstellen Sie ein Exzerpt. In der Schule und im Studium muss man Bücher lesen, deren Inhalt wichtig ist. Da ist es hilfreich, ein Exzerpt zu erstellen. Dabei werden besonders wichtige Textstellen wörtlich abgeschrieben und größere Textpassagen stichpunktartig zusammengefasst.

Den Inhalt komprimieren. Ziel ist es, Abschnitt für Abschnitt zu komprimieren. Am Ende soll ein Satz dastehen, der mit eigenen Worten wiedergibt, was im zuletzt gelesenen Abschnitt steht. Damit kann man zum Beispiel den Inhalt des Römerbriefes auf zwei Notizbuchseiten zusammenfassen.

Vergessen Sie, was zusätzlich in der Bibel steht. In den meisten Bibeln wurde der Text in Abschnitte eingeteilt. In den meisten modernen Übersetzungen wurden diese Abschnitte auch noch mit Überschriften versehen. Diese Gliederungen wurden von Menschen nach ihren Kriterien vorgenommen. Vergessen Sie sie und schreiben Sie Ihre eigene Gliederung. Wenn Sie also in der Bibel lesen, können Sie versuchen, das ganze Buch neu zu gliedern. Welche Verse gehören Ihrer Ansicht nach zusammen? Wo beginnt ein neuer Gedanke? Wie lassen sich die Gedanken überschreiben?

Erzählen Sie mit eigenen Worten. Eine Nacherzählung unterscheidet sich vom Exzerpt vor allem darin, dass Sie eine persönliche Note einbringen können. Sie können entscheiden, welche Gedanken Sie hervorheben und weiter ausführen, Sie können auch eigene Gedanken ergänzen, indem Sie zum Beispiel an ähnliche Vorkommnisse („wie früher schon ...", „anders als damals ...") erinnern. Eine Nacherzählung kann auch den Text zwischen den Zeilen erzählen. Das, was nicht gesagt wurde, ist manchmal genauso interessant wie das, was gesagt wurde. Einen Text für Kinder nachzuerzählen, würde sogar Erklärungen und Ausschmückungen beinhalten.

Systematischer Überblick. Manche Texte lassen sich in Tabellen, Zeittafeln, Personenkonstellationen oder Organigramme umsetzen, Stammbäume kann man als solche darstellen. Versuchen Sie es!

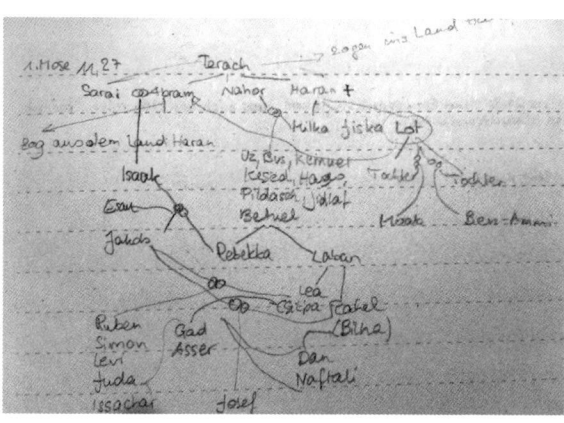

WIESO? WESHALB? WARUM?

Fragen sind ein wunderbares Mittel, Waldstücke ebenso wie Bibeltexte zu erkunden. Der Unterschied zwischen den beiden ist: Beim Waldstück haben Sie ganz automatisch Fragen, wenn Sie es erkunden wollen. Wo führt dieser Weg hin? Welcher Baum ist das? Wo kann ich mich bei Regen unterstellen? Wie lange brauche ich wohl bis zu diesem Felsvorsprung? Welcher Vogel ruft da? War der im Winter auch da? Was brauche ich, um durch dieses Dickicht zu kommen?
Beim Bibeltext hingegen erwarten Sie, dass Ihnen beim Lesen Antworten kommen auf Fragen, die Sie gar nicht gestellt haben.

Deshalb: Stellen Sie Fragen! In Ihrem Notizbuch sollten Sie eine Seite dafür reservieren, Fragen aller Art zu stellen. Ziehen Sie in der Mitte von oben nach unten einen Strich. Auf die linke Seite schreiben Sie die Frage und auf die rechte – erst einmal gar nichts. Fragen kann man auch einfach mal stehen lassen. Sie arbeiten im Unterbewusstsein weiter.

Es gibt verschiedene Arten von Fragen, die Sie unterschiedlich behandeln werden.
Da sind zuallererst einmal Ihre persönlichen Lebensfragen: Die Bibel ist das Wort Gottes, von dem wir sagen, dass es in unser Leben spricht. In der Bibel sollen wir Orientierung für unser Leben bekommen.
Also finden wir nicht nur allgemeingültige Antworten, wie sie in den Zehn Geboten gegeben werden. Wir finden Antworten auf fast alle Lebensfragen. Vielleicht nicht auf den ersten Blick, aber auf den zweiten und den dritten ...

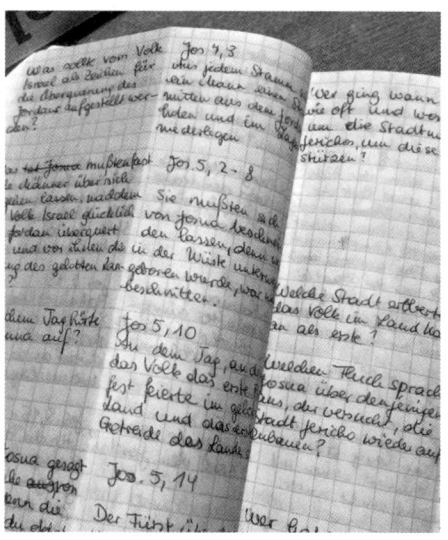

Wie aber wissen Sie, dass Sie gerade eine Antwort vor sich liegen haben, wenn Sie sich gar nicht die Mühe gemacht haben, Ihre Fragen zu stellen? Manche Fragen liegen Ihnen jetzt schon auf dem Herzen. Vielleicht die Frage, wie Sie mit Ihrem Geld umgehen sollen? Andere Fragen entstehen während des Bibellesens. Schreiben Sie sie auf. Und wenn Sie das Gefühl haben, irgendein Vers beantwortet eine Ihrer Fragen, schreiben Sie ihn

auf die rechte Seite neben die Frage. Von Zeit zu Zeit blättern Sie Ihre Fragen durch. Sie werden sehen: Manche Antworten haben sich ganz von selbst in Ihnen gebildet.
Manche Fragen eignen sich vielleicht auch, um eine ganze Sammlung von Bibelversen anzulegen. Dann eröffnen Sie eine neue Seite, auf der Sie alle Verse zu dieser Frage sammeln. Machen Sie sich die Mühe, jeden Vers abzuschreiben – es lohnt sich!

Eine andere Fragengruppe sind die Sachfragen: Auch sie lohnen sich, aufgeschrieben zu werden. Manche werden im Laufe Ihrer Bibellektüre beantwortet.
Geografische Fragen zum Beispiel: Wo genau liegt denn das Land Kanaan? Und wo war das Paradies? Wohin führten Paulus seine Missionsreisen? Nehmen Sie einen Atlas zur Hand und machen Sie sich auf die Suche.
Auch Fragen zur Geschichte sind spannend: Welcher Pharao könnte der mit den Plagen gewesen sein? Was sagt die Geschichtsschreibung zu den Babyloniern? Was hat es mit den Medern und Persern auf sich? Gibt es außerbiblische Hinweise auf Herodes? Für diese Fragen eignen sich Geschichtsbücher und Lexika.
Natürlich kann auch das Internet hilfreich sein, aber widerstehen Sie der Versuchung, sich gleich den Bibeltext auslegen zu lassen oder die ganze Frage einzutippen – da hätte ein anderer Ihre Arbeit gemacht; Sie suchen nur nach Landkarten und Geschichtsbüchern.
Es ist spannend, in eine Bibliothek zu gehen und Bücher und Karten und Geschichtswerke zu suchen, die Ihnen helfen, tiefer in eine Frage einzutauchen.

◇◇◇◇◇◇◇◇◇◇◇◇◇◇◇◇◇◇◇◇◇◇◇◇◇◇◇◇◇◇◇◇

Es ist spannend, in eine Bibliothek zu gehen und Bücher und Karten und Geschichtswerke zu suchen, die Ihnen helfen, tiefer in eine Frage einzutauchen.

◇◇◇◇◇◇◇◇◇◇◇◇◇◇◇◇◇◇◇◇◇◇◇◇◇◇◇◇◇◇◇◇

Theologische Fragen können natürlich auch auftauchen: Manche Verse verstehen Sie nicht? Schreiben Sie es auf! Sie sind auf einen Widerspruch gestoßen? Schreiben Sie ihn auf! Sie verstehen Gottes Reaktion auf eine Person nicht? Schreiben Sie es auf. Wie genau ist das mit dem Sabbat zu verstehen? Warum mussten Hananias und Saphira gleich sterben – kann mir das auch passieren?
Manche Fragen erledigen sich im Lauf der Zeit! Und für manche Un-

klarheiten bekommen Sie ein Gefühl. Je mehr offene Fragen Sie in Ihrem Notizbuch haben, desto konzentrierter können Sie lesen! Sorgen Sie also dafür, dass Ihnen die Fragen nie ausgehen.

Natürlich gibt es dann noch die klassischen Fragen, die Sie an einen Bibeltext stellen können, um ihn zu erschließen. Diese werden im Kapitel „Ihr Weg durchs Dickicht: So erarbeiten Sie sich selbst Teile der Bibel." näher ausgeführt.

Schließlich komme ich noch zu einer ganz besonderen Fragengruppe: dem Bibelquiz. Es lässt sich entwickeln, während Sie dabei sind, die ganze Bibel durchzulesen. Hierfür lohnt es sich, ein eigenes Notizbuch anzulegen. Ein kleines Vokabelheft zum Beispiel, in dem der Strich in der Mitte schon vorhanden ist. Oder ein anderes Heft, in das Sie wieder wie für die anderen Fragen einen Strich in der Mitte ziehen.

Stellen Sie sich vor, Sie müssten eine Gruppe von Schülern durch den Wald führen und ihnen einige Sachverhalte näherbringen. Sie könnten eine Art Waldquiz mit ihnen machen und sie mit Aufgaben aller Art durch den Wald schicken. „Welcher Baum steht an der Weggabelung unter dem Felsen?", „Welche Lebewesen findest du in dem Bach?"...

Genauso machen Sie das mit Ihrem Bibeltext. Nach jedem Abschnitt fragen Sie sich: Welche Frage beantwortet dieser Text? Sie schreiben die Frage auf die linke Seite und die Antwort mit der entsprechenden Bibelstelle auf die rechte Seite. (Hier warten Sie natürlich nicht mit der Antwort.) Zum Beispiel: „Was schuf Gott am Anfang?" / „Himmel und Erde", 1. Mose 1,1.

Sie erstellen sozusagen Ihr eigenes Bibelquiz. Manche Abschnitte bieten offensichtlichere Antworten, bei anderen müssen Sie ein bisschen suchen. Es lohnt sich, einmal auf diese Weise durch die ganze Bibel zu gehen. Und Sie werden staunen, wie viele Antworten es schon gibt, die Sie brennend interessieren.

Das geht übrigens auch mit den Stammbäumen! Es gibt genug Hinweise, die zwischen den Namen stehen, sodass Sie jedem Abschnitt zumindest eine Frage widmen können. Wenn Sie ein paar Jahre später noch einmal durch ihr Quizbuch gehen, können Sie sich ja gleich selbst testen ...

HOBBY-KARTOGRAFIE

Im Wald können Sie auf eine gekaufte Landkarte oder eine Wanderkarte zurückgreifen. Sie können aber auch selbst eine erstellen. Vielleicht orientieren Sie sich an der gekauften, übertragen die Wege und Landmarken, aber danach tragen Sie selbst ein, was Ihnen wichtig erscheint. Ein Vogelnest zum Beispiel, damit Sie im nächsten Jahr schauen können, ob der Vogel an der gleichen Stelle brütet. Oder einen Ameisenhaufen, den Sie beobachten wollen, wie er wächst und sich verändert.

Es gibt biblische Landkarten. Aber vielleicht steht da gar nicht das drin, was Sie interessiert. Erstellen Sie Ihre eigenen Landkarten. Orientieren Sie sich an einem Atlas. Vielleicht kaufen Sie sich Transparentpapier und pausen die Umrisse und die Flüsse durch. Und dann tragen Sie ein, was Ihnen wichtig ist. Von der Schöpfung bis zur Offenbarung finden Sie geografische Hinweise, die Sie ganz persönlich mit Hinweisen verknüpfen oder mit aktuellen Landkarten vergleichen können.

Natürlich können Sie auch weiterforschen, wenn Sie sich für eine Gegend genauer interessieren. Sie können Fotos suchen von Ausgrabungen oder aktuelle Bilder.

Mit Ihrer eigenen Landkarte sind Sie viel besser orientiert und können sich vielleicht manche Geschichte in der Bibel lebendiger vorstellen. Möglicherweise verstehen Sie auch aktuelle Geschehnisse ganz neu, wenn Sie sich für die biblische Geografie interessieren.

Haben Sie schon einmal nachgeschaut, wo Ur in Chaldäa liegt? Dort hat Abraham ursprünglich mit seiner Familie gelebt. Wie weit ist es bis nach Kanaan, wohin Gott ihn rief? Zwischendurch ist Abraham in Ägypten gewesen, um später wieder nach Kanaan zurückzukehren.

Haben Sie eine Idee von den Strecken, die Abraham in seinem Leben zu Fuß zurücklegte?

Mit Ihrer eigenen Landkarte könnten Sie – während Sie die Geschichte Abrahams lesen – seine Stationen verfolgen. Sie könnten eintragen, wo welches Ereignis stattfand. Sie spüren die Geschichte besser, wenn Sie sich klarmachen, welches Klima herrschte und wie die Umgebung aussah. Für solche Forschungsarbeiten ist das Internet natürlich sehr hilfreich. Aber verlieren Sie sich nicht darin. Bleiben Sie kreativ und holen Sie sich nur Informationen, die Sie dann in Ihrem eigenen Notizbuch umsetzen.

DIE WELT DER PSALMEN

Bei den Psalmen handelt es sich um eine Sammlung ganz unterschiedlicher Texte: Manche sind sehr tröstlich und eignen sich als „Lieblingsbibelstelle" wie zum Beispiel Psalm 23. Sie finden sich auf Postkarten wieder, werden in Filmen zitiert und am Sterbebett gebetet. Andere haben verstörende Inhalte, die man wohl kaum jemandem als Trost zusprechen würde.

Die Psalmen drücken etwas sehr Persönliches aus. Sie sprechen dem Verfasser sozusagen aus dem Herzen. Aus diesen Gedanken erhält man keine Handlungsanweisung, aber man kann sich darin wiederfinden.

Bei Ihrer Bibellektüre gibt es also verschiedene Möglichkeiten, mit den Psalmen umzugehen:

Sortieren. Sortieren Sie die Psalmen subjektiv: Welche gefallen Ihnen? Welche gefallen Ihnen nicht? Welcher Psalm spiegelt Ihre eigenen Gedanken wider? Welcher Psalm ist Ihrer Denkweise ganz fremd?

Sammeln. Sammeln Sie Psalmen für verschiedene Gelegenheiten: Welchen Psalm würden Sie auf einen Geburtstagsgruß schreiben? Welchen Psalm auf ein Beileidsschreiben? Trost, Glück, Hochzeit, Prüfung, Pech sind nur ein paar Themen, die im Leben auftauchen und nach einem passenden Psalm fragen könnten.

> DIE PSALMEN DRÜCKEN ETWAS SEHR PERSÖNLICHES AUS. SIE SPRECHEN DEM VERFASSER SOZUSAGEN AUS DEM HERZEN.

Mitbeten. Stellen Sie sich vor, der Psalmist betet gemeinsam mit Ihnen. Sie hören ihn laut beten. Können Sie sich dem Gebet anschließen? Kennen Sie solche Rachegedanken? Haben Sie sich schon einmal getraut, sie laut auszusprechen? Können Sie die Freude nachempfinden?

Mitsingen. Psalmen wurden als Lieder verfasst. Die Melodien, die am Anfang des Psalms dann genannt werden, sind natürlich nicht mehr bekannt. Aber wer hindert Sie, eine eigene zu erfinden? Es muss ja keiner zuhören ...

Antworten. Sie können eine schriftliche Antwort verfassen. Schreiben Sie einen Brief an den Verfasser: „Lieber David, in Psalm 58 bittest du Gott, den Mächtigen die Zähne auszuschlagen ..." Und dann sagen Sie ihm, was Sie davon halten. Ehrlich natürlich. Vielleicht merken Sie, wie Sie im Lauf des Briefes Ihre Meinung

ändern? Können Sie dem Psalmisten nachfühlen? Würden Sie eigentlich auch gerne … Sie können in Ihrem Brief natürlich auch fragen, woher er die Freude nimmt. Wie er sich das vorstellt, Tag und Nacht in Gottes Vorhöfen zu sein …

Selbst einen Psalm verfassen. Untersuchen Sie einmal die Struktur eines Psalms. Oft steht am Anfang eine Klage, in der die Verzweiflung des Psalmisten zu spüren ist. Gegen Ende des Psalms wendet sich dann die Stimmung und alles mündet in ein Lob. Vielleicht können Sie Ihr eigenes Problem wie einen Psalm aufschreiben und damit an Gott richten?

Kreativ umsetzen. Die Psalmen sind oft unglaublich bilderreich. Die Tierwelt, die Pflanzenwelt, Landschaften und Farben regen unsere Fantasie an und rufen Bilder in uns wach. Setzen Sie das um. Sie können zum Beispiel einfach anfangen zu malen. Nehmen Sie Ihre Buntstifte und legen Sie los. Denken Sie gar nicht nach. Es muss ja kein Meisterwerk werden. Sie können sich für eine Farbe entscheiden – wie wäre es mit Morgenrot? Ganz intuitiv. Was kommt dann? Gibt es Formen, die Ihnen zu dem Psalm einfallen? Gibt es Wörter, die Sie dazuschreiben wollen? Es muss nichts dabei herauskommen. Lassen Sie das Bild einfach in Ihrem Notizbuch. In ein paar Wochen sieht es in Ihren Augen vielleicht schon ganz anders aus. Oder Sie machen aus einem geeigneten Psalm eine Collage. Psalm 104 nennt eine ganze Reihe von Tieren. Sammeln Sie Kataloge, Zeitschriften und Prospekte und schneiden Sie aus, was zum Psalm passt. Das kann ein Projekt werden, das Sie über einige Wochen immer wieder beschäftigt. Auch eine Bildgeschichte kann ein lohnendes Projekt sein. Psalm 23 ist dafür ein Paradepsalm. Aber auch andere Psalmen eigenen sich dafür. Nehmen Sie Vers für Vers und malen oder kleben oder fotografieren Sie passende Bilder. Ob Strichmännchen oder Fotos, Ihrer Kreativität sind keine Grenzen gesetzt.

DIE WEISHEIT DER SPRÜCHE

Die Sprüche sind ebenfalls ein einzigartiges Buch in der Bibel. Vers für Vers ist vollgepackt mit Weisheiten und Lebensregeln. Manche davon voller Humor, andere eindringlich und wieder andere in recht derber Sprache. Es gibt kaum ein großes Thema, das keinen Eingang in die Sprüche gefunden hat.

Sie könnten die Sprüche …

… wie einen Spruchkalender behandeln. Schreiben Sie jeden Tag einen Spruch auf einen Zettel und kleben ihn an den Kühlschrank. Das ist dann so ähnlich wie ein Abreißkalender.

> VERS FÜR VERS IST VOLLGEPACKT MIT WEISHEITEN UND LEBENSREGELN.

… sortieren. Etwas aufwändiger, aber durchaus lohnend ist es, die Sprüche nach Themen zu durchforsten. Ob Sexualität, Frauen, Geld, Gesundheit, Faulheit … Der Themenschatz ist sehr reich und er wiederholt sich immer wieder.

Ordnen Sie jeden Vers einem Thema zu. Manche Verse kann man sogar mehreren Themen zuordnen. So sortiert, ergibt sich eine interessante Materialsammlung zu vielen Themen.

... **umsetzen.** Zum Beispiel die Aussagen über Geld und Reichtum sind ganz schön herausfordernd. Versuchen Sie einmal darüber nachzudenken, was passieren würde, wenn Sie die eine oder andere Aussage rigoros in Ihrem Leben umsetzen würden.

Die Anregungen über die Psalmen und die Sprüche können Sie natürlich auch auf andere Abschnitte in der Bibel anwenden.

HIGHLIGHTS

Wer einen Wald kennen und lieben lernt, wird Erinnerungsstücke sammeln. Erinnerungen an besondere Zeiten im Wald, Neuentdeckungen, besonders schöne Steine, vielleicht ein leeres Vogelei oder sogar ein Geweih. Sie dienen keiner bestimmten Sammlung, die vervollständigt wird. Die Gründe, sie zu sammeln, sind ausschließlich subjektiv. Zu Hause werden diese Stücke in eine Vitrine gelegt oder gepresst und in ein Album geklebt, Sie fotografieren sie, zeichnen sie oder tragen sie in Ihrer Hosentasche herum. Manche Stücke verschenken Sie vielleicht an liebe Menschen, die Ihre Freude am Wald teilen.

Ebenso werden Sie auch in Ihren Bibelerkundungsgängen immer wieder auf Verse stoßen, die Sie ganz besonders ansprechen. Warum auch immer – das müssen Sie nicht einmal selbst wissen. Solche Bibelverse mitzunehmen und ganz besonders zu behandeln, gehört zu den Kernstücken des Bibellesens. Zunächst einmal unterstreichen Sie die Verse vielleicht. Oder Sie schreiben sie einfach in Ihr Notizbuch ab.
Um sich die Bibelverse immer wieder vor Augen zu führen, gibt es viele kreative Analogien zur Vitrine. Ein gutes Ziel ist es, viele Verse auswendig zu lernen. Dann haben Sie das Wort Gottes immer dabei! Sogar Mose hat zu den Israeliten gesagt, dass sie das Gesetz überall hin mitnehmen und ziemlich kreativ „ausstellen" sollen:

> *Höre Israel, der HERR ist unser Gott, der HERR allein! Und du sollst den HERRN, deinen Gott, lieben mit deinem ganzen Herzen und mit deiner ganzen Seele und mit deiner ganzen Kraft. Und diese Worte, die ich dir heute gebiete, sollst du auf dem Herzen tragen, und du sollst sie deinen Kindern einschärfen und davon reden, wenn du in deinem Haus sitzt oder auf dem Weg gehst, wenn du dich niederlegst und wenn du aufstehst; und du sollst sie zum Zeichen auf deine Hand binden, und sie sollen dir zum Erinnerungszeichen über den Augen sein; und du sollst sie auf die Pfosten deines Hauses und an deine Tore schreiben (5. Mose 6,4–9).*

Karteikarten. Das ist eine altbewährte Methode, mit der Sie vielleicht schon Vokabeln für die Schule gelernt haben. Sie schreiben den Vers auf ein kleines Karteikärtchen, das Sie mitnehmen können und bei jeder Gelegenheit betrachten: in der Manteltasche oder im Geldbeutel, zwischen Ihren Akten oder am Kühlschrank. Immer, wenn Sie das Kärtchen sehen, lesen Sie den Vers und versuchen, ihn auch auswendig zu sagen.

Fotografieren. Mit dem Handy können Sie den Vers fotografieren. Aber passen Sie auf, so richtig kreativ ist diese Methode nur, wenn Sie die Aufnahme auch kreativ verwenden: zum Beispiel verschicken oder auf einer Social-Media-Plattform veröffentlichen.

Aufnehmen. Sie können sich den Vers selbst auf dem Handy vorlesen und bei Gelegenheit abspielen. Diese Methode eignet sich vor allem für längere Textabschnitte, die Sie beim Autofahren hören, wo Sie ohnehin nicht lesen können. Auch diese Aufnahme können Sie verschicken.

Bibellose. Sie schreiben all die markierten Bibelverse auf kleine Zettel, rollen sie zu Losen zusammen und geben sie in ein Glas. Wann immer Ihnen danach ist, ziehen Sie ein Los heraus und denken über diesen Vers nach.

Kalligrafieren. Schreiben Sie den Vers in wunderschöner Schrift auf festes Papier. Rahmen Sie es ein, machen Sie eine Postkarte daraus oder nehmen Sie es als Deckblatt für Ihr nächstes Notizbuch. Kopieren Sie den Vers und schenken Sie ihn an andere Menschen weiter. Verwenden Sie ihn als Lesezeichen …

Verse fürs Bad. Moosgummi ist ein schönes Material, um Bibelverse an Fliesen zu befestigen. Schreiben Sie den Vers mit einem dünnen Permanentstift auf ein Stück Moosgummi. Wenn die Stücke leicht angefeuchtet sind, bleiben sie mit Hilfe der Adhäsionskraft einfach an der Fliese kleben. So können Sie sogar unter der Dusche Bibelverse lernen. (Waschen Sie sie aber von Zeit zu Zeit mit etwas Seife ab, damit es nicht anfängt zu schimmeln.)

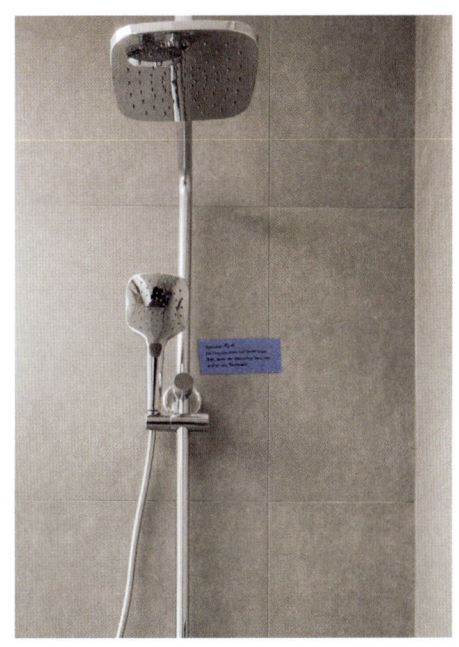

> **Psalm 1**
> Wohl dem, der nicht wandelt im Rat der Gottlosen noch tritt auf den Weg der Sünder noch sitzt, wo die Spötter sitzen, sondern hat Lust am Gesetz des Herrn

Etwas aufwendiger ist **Window Color.** Aber es bietet natürlich viel Raum für die kreative Umsetzung eines Verses. Machen Sie eine Zeichnung auf Papier oder drucken Sie die Schrift Ihrer Wahl auf dem Computer aus. Dann legen Sie eine Folie darüber und gestalten es mit den Window Colors. Ob Sie nur die Wörter gestalten oder mit Bildern ausschmücken, bleibt Ihnen überlassen. Spiegel, Fensterscheiben, Autoscheiben, Einmachgläser ... Alles, was glatt ist, können Sie damit bestücken.

Whiteboardmarker. Wer es etwas rustikaler mag, schreibt direkt mit einem Whiteboardmarker auf Fliesen, Spiegel und Magnettafeln. Whiteboardmarker lassen sich einfach mit Wasser wieder abwaschen, im Gegensatz zu Permanentstiften.

Und noch viel mehr ... Mit Buntstiften, Wasserfarben, Fingerfarben, Fassadenfarbe, Textilfarben, Porzellanfarben, Brenngerät, Wolle, Stickgarn, Ton, Fimo ... Auf Papier, Pappe, Metall, Hausfassade, T-Shirts, Tischdecken, Tassen, Teller, Schüsseln, Holz, Metall, Glas, Leinwand, Stramin, Stoff ... Als Bild, Lesezeichen, Briefpapier, Postkarte, Schlüsselanhänger, Kleidungsstück, Lieblingstasse, Geschirrset, Tischdecke, Kissenbezug, Türschild ... Es gibt unendlich viele Möglichkeiten, Bibelverse kreativ zu verarbeiten. Das Ziel sollte sein, sich mit seinen persönlichen Versen zu umgeben, um sie nicht zu vergessen, oder Verse weiterzugeben, die Sie für bedeutsam halten. Die Grenze zu Kitsch und Geschmacklosigkeit ist schnell überschritten. Denken Sie daran: Das Ergebnis soll Sie oder jemand anderen ermutigen, trösten oder an eine Wahrheit erinnern. Es soll aber nicht ein weiterer unnötiger Gegenstand werden, der Sie „zumüllt".

DIE BRÜCKE ZU HEUTE

Wenn Sie Experte Ihres Waldstückes werden, dann wird Ihnen auf einmal alles Mögliche auffallen. Ein Artikel in der Zeitung über das Waldsterben. Eine wissenschaftliche Untersuchung über den Zusammenhang von Pilzen und Baumwachstum. Vielleicht ein antiquarisches Buch über genau diesen Waldabschnitt. Beiträge in psychologischen Zeitschriften über die Heilkraft des Waldes ... Ihre Neugier wird geweckt! Sie probieren manches aus, Sie untersuchen, ob Sie wissenschaftliche Aussagen auch in Ihrem Wald nachvollziehen können ...

Jedenfalls fangen Sie an, solche Artikel zu sammeln und sogar gezielt danach zu suchen.

Der jüngste Teil der Bibel ist vor etwa zweitausend Jahren verfasst worden. Dennoch ist die Bibel aktuell. Sie gibt tatsächlich Antworten auf Lebensfragen. Sie gibt zuverlässig Auskunft über Gottes Handeln. Sie spricht in unser Leben heute!

Halten Sie die Augen offen. Gibt es Artikel über Themen, die auch in der Bibel vorkommen? Beispielsweise, wie ein Hirte zur Zeit von Jesus gearbeitet hat? Oder über die Krankheit *Aussatz*?

Lesen Sie irgendwo über archäologische Funde, die aus der Zeit und der Gegend von biblischen Begebenheiten stammen? Haben Sie in einem Museum ein Artefakt aus Ägypten gesehen, das Sie an die Geschichte des Volkes Israel erinnert? Fallen Ih-

nen Aufsätze auf, die eine der Fragen behandeln, die Sie schon vor einiger Zeit aufgeschrieben haben? Oder gibt es einen Beitrag, der Ihre Neugier weckt, selbst in der Bibel zu forschen, ob es sich so verhält?

Schneiden Sie diese Artikel aus und sammeln Sie sie. Wenn Sie sie nicht ausschneiden können, dann kopieren, fotografieren oder schreiben Sie sie ab.

Machen Sie selbst den Realitätscheck und verlassen Sie sich nicht auf die Expertenmeinung anderer.

Je mehr Sie solche aktuellen Hinweise suchen und sammeln, desto mehr wird Ihnen auffallen. Selbst die Tageszeitung wird zu einer Fundgrube werden.

Ein Beispiel aus meinem Leben: Als meine Kinder klein waren, haben wir darüber gesprochen, ob Gott wohl noch immer neue Tiere erfindet. Wir haben uns darauf geeinigt, dass Gott auf jeden Fall mächtig genug ist und das Recht dazu hat. Die Kinder spannen den Gedanken weiter, wie lustig es wäre, wenn eines Tages ein *Marsupilami* auftauchen würde. Tags darauf entdeckten wir einen Artikel in der Zeitung, dass Forscher in einer Höhle sechs neue Tierarten entdeckt hatten. Für meine Kinder war der Fall klar …

Notizen

Was machen Sie mit diesen Artikeln? Sie können Sie nach verschiedenen Gesichtspunkten sortieren, zum Beispiel nach passenden Bibelstellen. Sie können Themensammlungen starten und die Artikel einkleben. Sie können sie zu Ihren schon eröffneten Sammlungen fügen, wenn sie inhaltlich passen. Oder Sie fangen ein ganz neues Forschungsgebiet an, zu dem Sie im Laufe Ihrer Bibelerkundung Verse und Abschnitte suchen und finden, in Büchern und im Internet weiter forschen.

◇◇◇◇◇◇◇◇◇◇◇◇◇◇◇◇◇◇◇◇◇◇

Sehr spannend ist es, den geschichtlichen und geografischen Aussagen der Bibel nachzugehen.

◇◇◇◇◇◇◇◇◇◇◇◇◇◇◇◇◇◇◇◇◇◇

Völker, mit denen Israel in Kontakt war, sind historische Königreiche, die ihre Spuren hinterlassen haben. In außerbiblischer Geschichtsschreibung und durch archäologische Funde erfahren wir von ihnen. Es gibt Informationen, die ein ganz neues Licht auf biblische Texte werfen.

König Darius zum Beispiel. Im Buch Daniel wird er kurz erwähnt. Dass er einer der mächtigsten Könige seiner Zeit war, kommt aber nicht so klar heraus. Es gibt Schriftfunde aus der Regierungszeit des Darius. Es wurden Städte ausgegraben, die Darius gebaut hatte, die es locker mit moderner Stadtplanung aufnehmen könnten. Paläste, in denen auch der Prophet Daniel gewirkt hat.

Persepolis, Susa, Babylon ... das sind alles historische Stätten, die Archäologen ausgegraben haben (oder dabei sind, es zu tun) und die Schauplätze biblischer Geschichte waren.

Es gibt auch Informationen, die biblische Aussagen bis ins Detail bestätigen. Die Geschichtsschreibung über die Eroberung von Tyrus zum Beispiel. Erst hat Nebukadnezar es versucht. 13 Jahre lang belagerte er Tyrus, ohne es wirklich zu erobern. Erst Alexander der Große war erfolgreich. Genau das wird auch in Hesekiel 26 beschrieben.

Es lohnt sich, neugierig zu sein und auch Kleinigkeiten zu recherchieren. In diesem Fall kommt man natürlich um ein wenig Internetrecherche oder Sekundärliteratur nicht herum.

„AHA"-ERLEBNISSE

Im Wald können Sie Ihren Gedanken freien Lauf lassen. Sie riechen die warme, duftende Luft und erinnern sich vielleicht an eine Begebenheit aus der Kindheit. Oder Sie nehmen wahr, wie verbraucht die Luft in Ihrer Wohnung im Vergleich dazu ist. Sie sehen die vielen Grüntöne und stellen fest, wie beruhigend diese Farbe wirkt.

Möglicherweise haben Sie auch ein „Aha"-Erlebnis und wissen auf einmal, wieso an diesem einen Baum so viele Ameisen hinauf- und hinunterlaufen: Sie haben die Blattläuse entdeckt.

Auch beim Lesen in der Bibel kommen Ihnen spontane Gedanken und Assoziationen. Und manchmal erkennen Sie auch größere Zusammenhänge und haben dazu ausführlichere Gedanken, die Sie ein bisschen weiter entwickeln wollen. Sie alle sind es wert, festgehalten zu werden.

Notizen

BLITZGEDANKEN

Das sind Gedanken, die sich in einem Satz zusammenfassen lassen. Ein kleines „Aha"-Erlebnis zum Beispiel oder spontane Assoziationen. (Zum Beispiel hat mich Habakuk 2,15: „Wehe dem, der seinen Nächsten trinken lässt und seinen Zorn beimischt und ihn auch betrunken macht, um seine Blöße zu sehen", an den Gebrauch von K.-o.-Tropfen erinnert.)

Eröffnen Sie eine neue Seite in Ihrem Notizbuch, die Sie mit „Blitzgedanken" überschreiben. Notieren Sie die Bibelstelle und darunter den Gedanken.

SO KÖNNEN SIE ALLE DERARTIGEN GEDANKEN EINFACH NACHEINANDER SAMMELN.

Und wenn Sie eines Tages diese Gedanken nachlesen, ist der eine oder andere dabei, der sich lohnt, weiter ausgeführt zu werden.

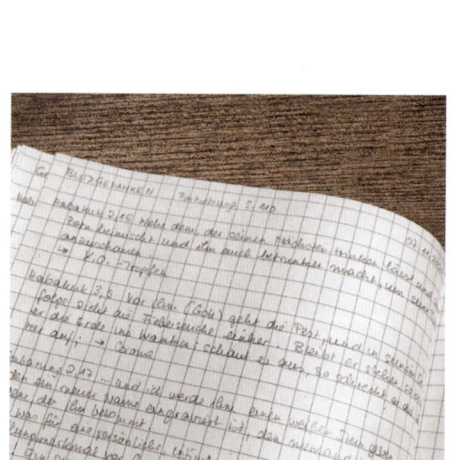

WEITERGEDACHT

Manchmal hat man das Gefühl, dass ein Abschnitt sich auf besondere Weise öffnet. Plötzlich kommen Gedanken und Ideen, die weiter führen. Dann lohnt es sich, eine neue Seite zu öffnen. Nennen Sie sie: „Gedanken zu (Bibelstelle)".

Und dann nehmen Sie sich Zeit, den ersten Gedanken weiterzuentwickeln. Schreiben Sie einfach auf, was Ihnen einfällt. Unsortiert und unzensiert. Vielleicht sind es auch eine Menge Fragen, die Sie zu dem Text haben, und der Versuch einer Antwort. Oder Sie erinnern sich daran, dass Sie dazu schon einmal etwas gelesen haben, und notieren das auch dazu.

Ausführliche Gedanken eignen sich natürlich gut dafür, immer wieder daran zu arbeiten.

Notizen

WENN TABELLEN LEBENDIG WERDEN

Manche Gegebenheiten im Wald kann man gut in Tabellenform erfassen. Überall da, wo man Vergleiche anstellt, Unterschiede erkennen möchte oder Besonderheiten. Man könnte alle Bäume und ihre Besonderheiten in einer Tabelle eintragen. Kategorien wie „Art des Baumes", „Größe", „Standort", „Schäden" würden Aufschluss darüber geben, welcher Standort besonders günstig ist für welchen Baum.

So gibt es auch manche Bibelstellen, die sich eignen, in einer Tabelle erfasst zu werden: überall, wo mehrere ähnliche Aussagen getroffen werden (zum Beispiel die sieben Sendschreiben im Buch der Offenbarung) oder Vergleiche angestellt werden (zum Beispiel die zwei Brüder im Gleichnis vom barmherzigen Vater in Lukas 15) oder sich ein Thema an verschiedenen Stellen in der Bibel findet (zum Beispiel Totenauferweckung). Probieren Sie es einmal. Mit der Zeit werden Ihnen immer mehr Ideen kommen, wie Sie Tabellen füllen könnten. Und es ändert eindeutig den Blick auf einen Text.

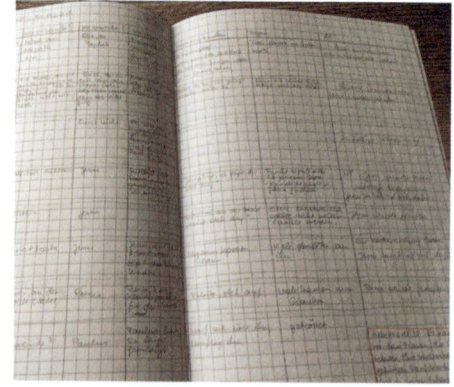

IHR WEG DURCHS DICKICHT: SO ERARBEITEN SIE SICH SELBST TEILE DER BIBEL

Schieben Sie Kommentare, Bibellexika, Erklärungen und fertige Auslegungen getrost einmal zur Seite. In Ihrer persönlichen Bibellese geht es darum, selbstständig zu sein. Sie müssen kein studierter Theologe sein, um sich in der Bibel auszukennen. Sie müssen auch nicht sprachkundig sein und die Bibel in ihren Ursprungssprachen untersuchen. Die deutschen Übersetzungen sind alle von hoher Qualität. Fangen Sie einfach an: mit dem gesunden Menschenverstand und der Hilfe des Heiligen Geistes.

Schauen Sie, was Sie selbst im Text finden. Schreiben Sie auf, was Sie bemerken und welche Fragen aufkommen. Notieren Sie, was für Ideen Sie haben, welche Assoziationen Ihnen kommen und wo Sie nur Bahnhof verstehen.

Auf den folgenden Seiten gibt es verschiedene Vorschläge, wie Sie selbst Texte erarbeiten können.

Der erste Vorschlag betrifft jeweils ein ganzes Buch. Anhand von Fragen verschaffen Sie sich einen Überblick über ein ganzes Buch der Bibel. Die anderen Vorschläge betreffen kleinere Abschnitte aus der Bibel.

Hier ist Raum für Ihre Notizen

EIN WALDSTÜCK ERFORSCHEN

Bei der Erkundung Ihres Waldstückes kann es sinnvoll sein, den Wald in verschiedene Abschnitte einzuteilen und diese Abschnitte alle nach dem gleichen Raster zu erfassen. Als Grenzen könnten die Wege fungieren oder Bäche oder Geländestufen. Sie geben jedem Abschnitt einen Namen und dann stellen Sie für jeden fest, wie viele Bäume darin stehen, welche Baumsorten es sind, welche weiteren Pflanzen Sie finden. Dann gehen Sie zur Tierwelt über, beobachten Vögel, schauen nach Wildtieren und graben nach Würmern. Zu guter Letzt schauen Sie sich die Bodenbeschaffenheit an: Erde, Fels, wurzeldurchzogener Boden, Geröll ... Erkenntnisse drängen sich dann fast von selbst auf.

Ein Buch in der Bibel entspricht einem solchen Abschnitt. Sie machen sich sozusagen auf die Suche nach Flora und Fauna eines Buches. Reservieren Sie in Ihrem Notizbuch mehrere Seiten für diese Suche oder beginnen Sie Ihr Notizbuch noch einmal von hinten, dann haben Sie ein variables Platzangebot, Sie können über einen längeren Zeitraum immer wieder daran arbeiten und parallel dazu weiter mit dem Bibelleseplan voranschreiten.

Mit den vier Abschnitten können Sie sich einen guten Überblick über ein Buch verschaffen und hoffentlich manches für Ihr Leben herausholen. Beantworten Sie einfach Frage für Frage so gut wie möglich. Lassen Sie dabei nach jeder Antwort noch Platz übrig, denn manche Notizen werden Sie im Laufe der Arbeit noch ergänzen wollen.

W-Fragen: Wer? Wer sind die handelnden Personen? Wer spricht?
Wo? Welche Orte werden genannt? Welche Hinweise auf Landschaften stehen gibt es (zum Beispiel ein Gebirge? Eine Wüste? Wasser?)?
Was? Was passiert im Text? Was tut Gott? Was tun Menschen?
Wann? Welche Zeitangaben stehen im Text? Das können versteckte Hinweise sein, aber auch ganz klare Jahresangaben.
Warum? Werden Begründungen genannt? (Zum Beispiel: Warum sollte Jona nach Ninive gehen?)
Wie? Wie handelt Gott? Wie spricht Gott zu den Menschen?
Wozu? Welches Ziel hat Gott? Was will er erreichen?

Struktur: Um was für einen Text handelt es sich? Ist es eine Berichterstattung? Eine Erzählung? Ein Prosatext – vielleicht ein Lied oder eine Art Gedicht? Ist es eine Aufzählung, ein Gesetzestext?
Wie könnte man das Buch gliedern? Gibt es eine Einleitung, in der Personen vorgestellt werden oder Gottes Handeln erklärt wird? Gibt

es einen dramatischen Höhepunkt? Welche Wendepunkte erkennen Sie in der Geschichte? Hat das Buch ein Happy End oder endet es tragisch? Treten weitere Personen auf? Verändern sich vielleicht Personen? Wie könnte man die Gliederungspunkte überschreiben?
Welche Bibelstellen sind besonders wichtig? Finden Sie Stellen, in denen die Aussage des Buches auf den Punkt gebracht wird? Welche Bibelstellen springen Ihnen ins Auge und warum?
Was ist die Hauptaussage? Versuchen Sie den Inhalt des Buches in eigenen Worten möglichst knapp wiederzugeben.

Sonstiges: Was fällt Ihnen noch an dem Buch auf? Gibt es einzigartige Merkmale? Was verstehen Sie nicht? Was fällt Ihnen zum ersten Mal auf?

Wichtiges: Was sagt das Buch über Gott aus? Seine Eigenschaften, sein Handeln, seine Pläne, seine Beziehung zu den Menschen? Was sagt es über Jesus? Was sagt der Text über uns Menschen aus? Über die Menschheit im Allgemeinen, über spezielle Menschen? Was folgt daraus für mich?

Am besten, Sie „üben" diese Methode einmal an einem kurzen Buch der Bibel, zum Beispiel dem zweiten Johannesbrief. Sie werden merken, dass nicht alle Fragen relevant sind

Was sagt das Buch über Gott aus?

für diesen Text. Vielleicht ergänzen Sie auch Fragen, die Sie für wichtig halten.

Sie können auf verschiedene Weise anfangen: Sie lesen und immer, wenn Sie auf etwas stoßen, das für die Erarbeitung relevant ist, schreiben Sie es auf. Das hat den Nachteil, dass Sie den Lesefluss ständig unterbrechen müssen und die Erarbeitungsfragen nicht systematisch bearbeitet werden.

Sie können das Buch auch mehrere Male durchlesen und sich jedes Mal eine neue Leitfrage vornehmen. Das hat den Nachteil, dass es lange dauert – vor allem bei einem umfangreichen Buch wie Jesaja. Es hat aber den Vorteil, dass Sie sehr systematisch vorgehen können und Ihre Notizen übersichtlich bleiben. Sie können dann auch die Reihenfolge bestimmen, in der Sie die Fragen behandeln wollen.

Wahrscheinlich wird eine Mischung aus beiden Methoden das Sinnvollste sein.

AN EINEM ORT VERWEILEN

Auf Ihrem Weg durch die Bibel wird es Stellen geben, die Ihre Aufmerksamkeit erregen. Oder vielleicht haben Sie das Gefühl, es wäre an der Zeit, sich einem Textabschnitt näher zu widmen. Das wäre dann so, wie wenn Sie in Ihrem Waldstück ein Fleckchen entdecken, das Sie sich genauer anschauen wollen. Sie gehen in den nächsten Tagen schnurstracks dorthin und verbringen ihre Zeit einfach dort. Sie schauen in den Himmel, auf den Boden, sehen sich die Farben und Muster an. An einem Tag nehmen Sie sich den Zeichenblock mit und zeichnen Steine, Blätter und Käfer. Am nächsten konzentrieren Sie sich auf die Geräusche. Sie begegnen immer wieder dem gleichen Vogel und beobachten ihn. Am Ende dieser Zeit ist das Bild dieses kleinen Lebensraumes in Ihrem Kopf gespeichert, Sie hören auch noch im Schlaf das Surren und Zwitschern, fühlen die Erde an den Füßen und das Kitzeln in der Nase.

Sie haben einen Bibelabschnitt ausgewählt?
Nehmen Sie sich mindestens eine Woche lang täglich Zeit für diesen Text! Lesen Sie ihn täglich mindestens zweimal laut und langsam vor. Betonen Sie dabei die Wörter, Abschnitte und wörtlichen Reden unterschiedlich. Wenn es möglich ist, können Sie auch jedes Mal eine andere Übersetzung lesen.

1. Tag: Schreiben Sie den Text in Ihr Notizbuch ab: Beantworten Sie die W-Fragen: Wer, was, wann, warum, wo, wozu, wieso?
Auch dabei gibt es kein Richtig oder Falsch! Die Frage „was" zum Beispiel kann viel beinhalten: Was hat jemand getan? Was wurde gesagt? Was könnte passieren? Das gilt auch für die anderen Fragen. Je ausführlicher Sie sich mit den W-Fragen beschäftigen, desto besser wird der Überblick.

2. Tag: Schreiben Sie den Text auf ein kleines Kärtchen, das Sie in der Manteltasche oder im Geldbeutel mitnehmen und in Wartezeiten anschauen oder sogar auswendig lernen können. Betrachten Sie den Kontext: Was ist vorher passiert oder was steht davor in der Bibel? Gibt es einen Zusammenhang? Ist es direkt nacheinander passiert oder liegt Zeit dazwischen? Passt der Inhalt zusammen oder wird „ein ganz neues Fass aufgemacht"? Sind die gleichen Personen beteiligt? Ist die Stimmung ähnlich oder anders?

Kann man vielleicht eine Stelle im Text nur verstehen, wenn man auch den Abschnitt davor kennt? Zum Beispiel versteht man Markus 11,20:

Früh am nächsten Morgen kamen sie wieder an dem Feigenbaum vorbei und sahen, dass er bis zu den Wurzeln verdorrt war

nur, wenn man auch die Verse 12–14 gelesen hat:

Als sie am nächsten Tag Betanien wieder verließen, hatte Jesus Hunger. Da sah er von weitem einen Feigenbaum, der schon

Blätter hatte. Er ging hin, um zu sehen, ob auch Früchte an dem Baum waren; doch er fand nur Blätter daran. Es war allerdings auch nicht die Zeit der Feigen. Da sagte Jesus zu dem Baum: „Nie wieder soll jemand von dir Feigen essen!" Das hörten auch seine Jünger.

Welche Gemeinsamkeiten gibt es noch? Das Gleiche machen Sie mit dem folgenden Abschnitt. Vielleicht gibt er Antworten auf Fragen, die aufgeworfen wurden. Vergessen Sie nicht, das Kärtchen mit dem Text mitzunehmen und bei jeder Gelegenheit anzuschauen.

3. Tag: Schreiben Sie den Text in Blockbuchstaben auf ein großes Blatt Papier.
Beschäftigen Sie sich mit den Personen, die hier vorkommen. Wie viele sind es? In welcher Beziehung stehen sie zueinander? Was wird über die Personen ausgesagt – direkt oder indirekt (zum Beispiel durch die Art der Antworten, die sie bekommen, oder durch Emotionen, die genannt werden).
Welche Personen sind aktiv, welche passiv? Wer erscheint Ihnen positiv, wen finden Sie unsympathisch – warum? Mit welchen Personen können Sie sich identifizieren – warum? (Übrigens ist Gott auch eine Person, die bei Ihren Überlegungen auftauchen sollte.)

4. Tag: Schreiben Sie den Text mit Schönschrift und verzieren Sie die Anfangsbuchstaben der wichtigsten Wörter.
Zählen Sie die Wörter und erstellen Sie eine Wortstatistik: Sortieren Sie die Wörter nach Häufigkeit und eventuell auch nach Wortart und denken Sie darüber nach. Ist das häufigste Wort auch das Wichtigste? Wenn nicht, warum nicht? Stehen die häufigen Wörter immer im gleichen Zusammenhang? Verändert sich etwas im Gebrauch der Wörter? Warum werden diese Begriffe gewählt? Könnte man diese Wörter umschreiben? Wie würde man sie erklären? Passt diese Erklärung zum Text?

5. Tag: Schreiben Sie den Text mit Buntstiften.
Stellen Sie Fragen, die vom Text beantwortet werden. (Etwa zu Markus 11,12–14: Warum fand Jesus nur Blätter am Feigenbaum? Weil noch nicht die Zeit der Feigen war.)

6. Tag: Schneiden Sie den Text vom 3. Tag aus – Wort für Wort – und sortieren Sie die Zettel, wie Sie wollen: z. B. nach Wortarten oder nach der Häufigkeit der einzelnen Wörter.
Schreiben Sie eine Erklärung zu dem Text, als würden Sie einem Kind erklären, was Sie gerade lesen. Welche Fragen könnte es wohl haben? Was würden Sie es unbedingt wissen lassen wollen? Geben Sie auch zu, wenn Sie etwas selbst nicht verstehen.

7. Tag: Schreiben Sie den Text ein letztes Mal so, als wäre er ein offizielles Dokument (ein Brief oder eine Urkunde).

Denken Sie darüber nach, was über Gott gesagt wird. Welche Eigenschaften Gottes kann man erkennen? Was wird über seine Beziehung zu den Menschen und seine Gedanken über sie gesagt? Was will Gott? Was spricht er, worüber schweigt er? Welche Fragen haben Sie zum Text, zu denen Sie noch keine Antwort gefunden haben?

Welche Antworten haben Sie gefunden? Was hat das alles mit Ihrem Leben zu tun? Was hat der Text mit Ihrer Beziehung zu Gott zu tun? Was bedeutet er für die Beziehung zu anderen Menschen? Was ist mit der Beziehung zu sich selbst?

Was haben Sie verstanden, was Sie ändern sollen? Was könnten Sie tun? Welchen Fragen wollen Sie in der nächsten Zeit nachgehen? Wollen Sie etwas ausprobieren? Was können Sie gleich tun? Was langfristig?

8. Tag: Wenn Ihnen eine Woche an diesem Platz in der Bibel nicht gereicht hat, können Sie so lange weitermachen, wie Sie wollen. Und lesen Sie nebenbei weiter. Spazieren Sie in Ihrem Waldstück herum und halten Sie die Augen offen. Sie können ja jederzeit eine Pause an diesem Platz einlegen und schauen, ob sich etwas verändert hat.

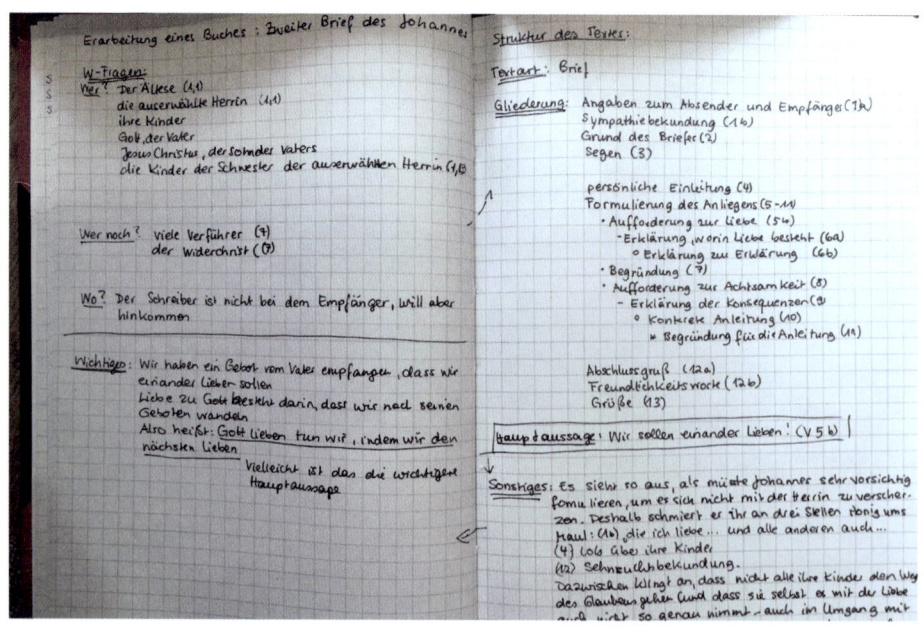

Hier ist Raum für Ihre Notizen

„ICH HABE VERSTANDEN!" – GOTT ANTWORTEN

In Josua 1,8 steht:
> Lass dieses Buch des Gesetzes nicht von deinem Mund weichen, sondern forsche darin Tag und Nacht, damit du darauf achtest, alles zu befolgen, was darin geschrieben steht; denn dann wirst du Gelingen haben auf deinen Wegen, und dann wirst du weise handeln.

In Psalm 128,1 und 2 steht:
> Glücklich zu preisen ist, wer dem Herrn in Ehrfurcht begegnet, wer auf den von Gott gezeigten Wegen geht. So wirst du genießen dürfen, was du mit eigenen Händen erarbeitet hast: Zu beglückwünschen bist du – gut steht es um dich!

In Psalm 1,2–3 steht:
> Glücklich zu preisen ist, wer Verlangen hat nach dem Gesetz des Herrn und darüber nachdenkt Tag und Nacht. Er gleicht einem Baum, der zwischen Wasserläufen gepflanzt wurde: zur Erntezeit trägt er Früchte, und seine Blätter verwelken nicht. Was ein solcher Mensch unternimmt, das gelingt.

Was würden Sie tun, damit jemand zu Ihnen sagt: „Dann hast du Gelingen auf deinen Wegen, und du handelst weise" oder: „Zu beglückwünschen bist du – gut steht es um dich!" oder: „Was du unternimmst, das gelingt!"

Den ersten Schritt haben wir schon getan: Wir lesen und studieren die Bibel – hoffentlich inzwischen mit großer Freude und wachsender Begeisterung!
In der Bibel zeigt Gott seine Wege. Jetzt geht es darum, auch den zweiten Schritt zu tun: auf diesen von Gott gezeigten Wegen zu gehen.

Antworten Sie Gott! Antworten Sie, wenn Sie einen Weg erkennen, den Gott Ihnen zeigt. Antworten Sie, wenn Sie etwas Neues verstanden haben. Antworten Sie, wenn Sie Gott ein bisschen besser kennengelernt haben.

Festlegen. Nehmen Sie sich konkret vor, was Sie tun oder ändern wollen. Legen Sie sich fest und schreiben Sie auf, was Sie erkannt haben! Dann können Sie später einmal nachlesen, was Sie sich vorgenommen hatten. Sie können sich selbst prüfen, ob Sie auf dem Weg geblieben sind, den Gott Ihnen gezeigt hat. Außerdem können Sie sehen, was Gott in Ihrem Leben verändert hat und wie er gewirkt hat. Zum Festlegen gehört auch, die Gemeinschaft einzubinden. Wenn Sie etwas erkannt haben, das Sie in ihrem Leben umsetzen wollen, dann erzählen Sie es

anderen Menschen. Dann können Sie nicht mehr so leicht zurück!

Buße tun. Gott wird Ihnen immer wieder zeigen, wo in Ihrem Leben Veränderung nötig ist, weil es bisher nicht gepasst hat. Dann ist Buße nötig. Das heißt, erkennen, was bisher nicht gut war, und umkehren! Buße kann mit einem Gebet beginnen. Machen Sie es schriftlich! Schreiben Sie zum Beispiel einen Bußpsalm. Auch das wird Ihnen helfen, Ihre Fortschritte im Leben zu erkennen und Gott dafür zu loben. A propos:

Gott loben. Gott loben können wir auf vielfältige Weise. Im Gebet, schriftlich, mit Liedern, indem wir davon erzählen, was er für uns getan hat oder was wir mit ihm erlebt haben. Im 5. Buch Mose hält Mose vor den Israeliten eine Rede. Er erinnert sie an das, was Gott getan hat und was das bedeutet für ihre Zukunft. In Kapitel 10, in den Versen 14–21 steht:

Siehe, der Himmel und aller Himmel Himmel und die Erde und alles, was in ihr ist, gehört dem Herrn, deinem Gott; dennoch hat der Herr allein deinen Vätern sein Herz zugewandt, dass er sie liebte … Denn der Herr, euer Gott, er ist der Gott der Götter und der Herr der Herren, der große, mächtige und furchtgebietende Gott, der die Person nicht ansieht und

Mose hält dem Volk schlicht und einfach vor Augen, was alle erlebt haben! Er stellt den großen Gott den einfachen Menschen gegenüber und zieht Schlüsse daraus. Auch das ist Lob. Sagen, was Gott getan hat. Ausdrücken, dass es zu unbegreiflich ist, als dass ich es wirklich verstehen könnte. Demütig werden angesichts dessen, dass der Gott der Götter mein Gott sein will; dass alle Himmel ihn nicht fassen können und er sich dennoch um die Kleinsten der Kleinen kümmert. Wer loben will, braucht offene Augen. Ein Lob, das nicht aus dem eigenen Erkennen und Erleben kommt, ist halbherzig. Schreiben Sie auf: Was hat Gott in Ihrem Leben getan? Woran haben Sie seine Macht und Liebe erkannt? Was bedeutet das für Ihr Leben? Erzählen Sie, was Sie erkannt haben. Bleiben Sie nicht allein mit Ihrem Lob.

Von Gott erwarten. Gott gibt viele Verheißungen. Wir sind herausgefordert, unsere menschlichen Sicherheiten aufzugeben und uns auf Gott zu verlassen. Auf Gottes Wegen zu gehen, heißt auch, von ihm zu erwarten, dass er seine Verheißungen wahr macht. Was verspricht Gott? Sind Sie bereit, sich darauf einzulassen? Was bedeutet das konkret in Ihrem Leben? Welche trügerischen Sicherheiten sollen Sie aufgeben, obwohl sich Gottes Zusage noch nicht konkret in Ihrem Leben gezeigt hat?

Wer loben will, braucht offene Augen.

> kein Bestechungsgeschenk annimmt, der der Waise und der Witwe Recht verschafft und den Fremdling lieb hat, sodass er ihm Speise und Kleidung gibt ... Er ist dein Ruhm, und er ist dein Gott, der bei dir diese großen und furchtgebietenden Dinge getan hat, die deine Augen gesehen haben.

Und was wünscht sich Gott? Wie können Sie ihm Ihre Liebe zeigen? In Vers 12 des eben genannten Kapitels steht:
> Und nun, Israel, was fordert der Herr, dein Gott, von dir, als nur, dass du den Herrn, deinen Gott fürchtest, dass du in allen seinen Wegen wandelst und ihn liebst und dem Herrn, deinem Gott, dienst mit deinem ganzen Herzen und deiner ganzen Seele.

Auch hier gilt: Schreiben Sie es auf. Und denken Sie nicht, dass nur die großen Wunder zählen! Alles, was Gott in Ihrem Leben tut, ist es wert, in ein Lob gefasst zu werden. Das macht der Apostel Paulus auch der Gemeinde in Korinth deutlich:
> Was bringt dich überhaupt dazu, so überheblich zu sein? Ist nicht alles, was du hast, ein Geschenk Gottes? Wenn es dir aber geschenkt wurde, warum prahlst du dann damit, als hättest du es dir selbst zu verdanken?
> (1. Korinther 4,7).

Fürbitte. Eigentlich kann man die Bibel nicht nur für sich allein lesen. Auch in Ihrer persönlichen Zeit mit Gott wird er Sie an Menschen erinnern und Ihnen zeigen, wo Sie etwas unternehmen sollten. Er wird Ihre Augen für die Not anderer öffnen. Er wird Ihnen aufs Herz legen, wenn Sie jemandem etwas sagen sollen. Dann ist die erste Reaktion darauf, dass Sie mit Gott darüber reden. Öffnen Sie Ihr Herz. Bitten Sie Gott nicht nur einzugreifen, sondern auch Ihnen zu zeigen, welchen Weg er Ihnen in dieser Sache zeigt. Glaube ohne entsprechende Taten ist wertlos, wie in Jakobus 2,14–17 deutlich steht:
> Was nützt es, meine Geschwister, wenn jemand behauptet: „Ich glaube", aber er hat keine entsprechenden Taten vorzuweisen? Kann der Glaube als solcher ihn retten? Angenommen, ein Bruder oder eine Schwester haben nicht genügend anzuziehen, und es fehlt ihnen an dem, was sie täglich zum Essen brauchen. Wenn nun jemand von euch zu ihnen sagt: „Ich wünsche euch alles Gute! Hoffentlich bekommt ihr warme Kleider und könnt euch satt essen!" aber ihr gebt ihnen nicht, was sie zum Leben brauchen – was nützt ihnen das? Genauso ist es mit dem Glauben: Wenn er keine Taten vorzuweisen hat, ist er tot; er ist tot, weil er ohne Auswirkungen bleibt.

Beginnen Sie also mit Gebet. Schreiben Sie es auf, dann können Sie sich später wieder einmal daran erinnern und sehen, was Gott in der Sache getan hat. Fragen Sie Gott, was er von Ihnen will, und seien Sie mutig. Setzen Sie die Gedanken um, die Ihnen kommen, wenn Sie fragen, was Sie jemandem Gutes tun können.

Hier ist Raum für Ihre Notizen

... UND WENN DIE KREATIVITÄT AUSBLEIBT?

Es gibt Tage, an denen bringen Sie keine zehn Pferde in den Wald. Wenn es stürmt, wenn Sie krank sind oder vielleicht einfach, weil die Luft raus ist.

Dann können Sie trotzdem Ihrer Aufgabe treu bleiben, indem Sie Fundstücke sortieren, die Landkarte aktualisieren, Fotos auswerten, Blätter pressen oder Steine bestimmen.

Auch beim Bibellesen gibt es immer wieder Phasen, in denen die Kreativität plötzlich weg ist. Sie schlagen die Bibel auf und auf einmal wirkt sie genauso langweilig wie früher.

Wenn es innerlich staut, die Lust dahinschwindet und trotz allem Langeweile aufkommt, dann helfen Routinearbeiten, dranzubleiben.

- Schreiben Sie alle Bibelverse, die sie unterstrichen haben, auf Karteikarten.
- Lesen Sie in Ihrem Notizbuch und schreiben Sie die Gedanken ins Reine, die Ihnen noch immer gefallen.
- Fügen Sie Listen und Sammlungen, die auf verschiedenen Seiten in Ihrem Notizbuch verteilt sind, zusammen.

Diese Arbeiten haben verschiedene Ziele. Zum einen bleiben Sie an Ihrem Ziel, das Wort Gottes jeden Tag ein bisschen besser kennenzulernen, dran. Zum anderen helfen sie, die Gedanken in Ihrem Kopf zu sortieren und Ordnung zu schaffen. Eine solche Ordnung weckt die Kreativität wieder – ganz sicher!

Aber es gibt noch ein drittes Ziel: Sie erschaffen so mit der Zeit Ihre eigene „Studienbibel".

Eine gekaufte Studienbibel ist ein gutes Nachschlagewerk. Eine Konkordanz ist ein unverzichtbares Hilfsmittel, das man selbst nicht besser machen kann. Aber ein Kettenverzeichnis zum Beispiel spiegelt die Gedanken dessen wider, der es erstellt hat. Ihr eigenes Kettenverzeichnis* etwa über den Umgang mit Geld, Besitz und Reichtum enthält vielleicht ganz andere Verse als das in der Studienbibel. Denn im Laufe Ihrer Bibellesezeiten entdecken Sie auch Verse, die keines der Schlagworte enthalten, aber Ihrer Ansicht nach trotzdem dazugehören. Im Laufe der letzten Monate haben Sie die Verse einfach abgeschrieben, wie sie Ihnen aufgefallen sind. Wenn eine Seite voll war, haben Sie bei der nächsten freien Seite weitergemacht. Die Verse sind durcheinander: Altes Testament, ein Brief, ein Evangelium, Sprüche, Psalmen ...

Bei Ihrer Arbeit jetzt können Sie die Verse sortieren.

*Ein Kettenverzeichnis listet Bibelstellen zu einem Themenkreis auf – anders als bei einer Konkordanz, in der Bibelstellen gesammelt werden, in denen ein bestimmter Begriff vorkommt.

Am besten nehmen Sie für diese „Endredaktion" ein kleines Ringbuch zur Hand. Kaufen Sie Ringbucheinlagen aller Art: linierte, karierte, gepunktete und leere. Trennblätter unterteilen das Ringbuch in die verschiedenen Kategorien, die Sie in Ihrem Notizbuch schon angelegt hatten: Sammlungen, Listen, Fragen, Gedanken ...

Jetzt übertragen Sie all das, was Ihnen noch wichtig erscheint, in dieses Ringbuch: sortiert, gut ausformuliert, schön geschrieben ... Die herausnehmbaren Seiten erleichtern das Sortieren und bieten auch die Möglichkeit, etwas nachzutragen. Sie können auch interessante Artikel zu bestimmten Bibelstellen dazu heften.

Markieren Sie in Ihrem Notizbuch, was Sie schon übertragen haben, damit Sie die Arbeit nicht doppelt machen. So wächst Ihre Sammlung zu einer ganz privaten und persönlichen „Studienbibel". Und bei der Arbeit kommen Ihnen neue Ideen für Sammlungen, Listen und Fragen, die Ihre Kreativität beim Bibellesen wieder aufleben lassen.

TABELLE MIT DEN KAPITELN ALLER BIBLISCHEN BÜCHER

1. Mose	1	2	3	4	5	6	7	8	9	10	11	12	13	14
	15	16	17	18	19	20	21	22	23	24	25	26	27	28
	29	30	31	32	33	34	35	36	37	38	39	40	41	42
	43	44	45	46	47	48	49	50						
2. Mose	1	2	3	4	5	6	7	8	9	10	11	12	13	14
	15	16	17	18	19	20	21	22	23	24	25	26	27	28
	29	30	31	32	33	34	35	36	37	38	39	40		
3. Mose	1	2	3	4	5	6	7	8	9	10	11	12	13	14
	15	16	17	18	19	20	21	22	23	24	25	26	27	
4. Mose	1	2	3	4	5	6	7	8	9	10	11	12	13	14
	15	16	17	18	19	20	21	22	23	24	25	26	27	28
	29	30	31	32	33	34	35	36						
5. Mose	1	2	3	4	5	6	7	8	9	10	11	12	13	14
	15	16	17	18	19	20	21	22	23	24	25	26	27	28
	29	30	31	32	33	34								
Josua	1	2	3	4	5	6	7	8	9	10	11	12	13	14
	15	16	17	18	19	20	21	22	23	24				
Richter	1	2	3	4	5	6	7	8	9	10	11	12	13	14
	15	16	17	18	19	20	21							
Rut	1	2	3	4										
1. Samuel	1	2	3	4	5	6	7	8	9	10	11	12	13	14
	15	16	17	18	19	20	21	22	23	24	25	26	27	28
	29	30	31											
2. Samuel	1	2	3	4	5	6	7	8	9	10	11	12	13	14
	15	16	17	18	19	20	21	22	23	24				
1. Könige	1	2	3	4	5	6	7	8	9	10	11	12	13	14
	15	16	17	18	19	20	21	22						
2. Könige	1	2	3	4	5	6	7	8	9	10	11	12	13	14
	15	16	17	18	19	20	21	22	23	24	25			
1. Chronik	1	2	3	4	5	6	7	8	9	10	11	12	13	14
	15	16	17	18	19	20	21	22	23	24	25	26	27	28
	29													

TABELLE MIT DEN KAPITELN ALLER BIBLISCHEN BÜCHER

2. Chronik	1	2	3	4	5	6	7	8	9	10	11	12	13	14
	15	16	17	18	19	20	21	22	23	24	25	26	27	28
	29	30	31	32	33	34	35	36						
Esra	1	2	3	4	5	6	7	8	9	10				
Nehemia	1	2	3	4	5	6	7	8	9	10	11	12	13	
Ester	1	2	3	4	5	6	7	8	9	10				
Hiob	1	2	3	4	5	6	7	8	9	10	11	12	13	14
	15	16	17	18	19	20	21	22	23	24	25	26	27	28
	29	30	31	32	33	34	35	36	37	38	39	40	41	42
Psalmen	1	2	3	4	5	6	7	8	9	10	11	12	13	14
	15	16	17	18	19	20	21	22	23	24	25	26	27	28
	29	30	31	32	33	34	35	36	37	38	39	40	41	42
	43	44	45	46	47	48	49	50	51	52	53	54	55	56
	57	58	59	60	61	62	63	64	65	66	67	68	69	70
	71	72	73	74	75	76	77	78	79	80	81	82	83	84
	85	86	87	88	89	90	91	92	93	94	95	96	97	98
	99	100	101	102	103	104	105	106	107	108	109	110	111	112
	113	114	115	116	117	118	119	120	121	122	123	124	125	126
	127	128	129	130	131	132	133	134	135	136	137	138	139	140
	141	142	143	144	145	146	147	148	149	150				
Sprüche	1	2	3	4	5	6	7	8	9	10	11	12	13	14
	15	16	17	18	19	20	21	22	23	24	25	26	27	28
	29	30	31											
Prediger	1	2	3	4	5	6	7	8	9	10	11	12		
Hoheslied	1	2	3	4	5	6	7	8						
Jesaja	1	2	3	4	5	6	7	8	9	10	11	12	13	14
	15	16	17	18	19	20	21	22	23	24	25	26	27	28
	29	30	31	32	33	34	35	36	37	38	39	40	41	42
	43	44	45	46	47	48	49	50	51	52	53	54	55	56
	57	58	59	60	61	62	63	64	65	66				

TABELLE MIT DEN KAPITELN ALLER BIBLISCHEN BÜCHER

Jeremia	1	2	3	4	5	6	7	8	9	10	11	12	13	14
	15	16	17	18	19	20	21	22	23	24	25	26	27	28
	29	30	31	32	33	34	35	36	37	38	39	40	41	42
	43	44	45	46	47	48	49	50	51	52				
Klagelieder	1	2	3	4	5									
Hesekiel	1	2	3	4	5	6	7	8	9	10	11	12	13	14
	15	16	17	18	19	20	21	22	23	24	25	26	27	28
	29	30	31	32	33	34	35	36	37	38	39	40	41	42
	43	44	45	46	47	48								
Daniel	1	2	3	4	5	6	7	8	9	10	11	12	13	14
Hosea	1	2	3	4	5	6	7	8	9	10	11	12	13	14
Joel	1	2	3	4										
Amos	1	2	3	4	5	6	7	8	9					
Obadja	1													
Jona	1	2	3	4										
Micha	1	2	3	4	5	6	7							
Nahum	1	2	3											
Habakuk	1	2	3											
Zefanja	1	2	3											
Haggai	1	2												
Sacharja	1	2	3	4	5	6	7	8	9	10	11	12	13	14
Maleachi	1	2	3											
Matthäus	1	2	3	4	5	6	7	8	9	10	11	12	13	14
	15	16	17	18	19	20	21	22	23	24	25	26	27	28
Markus	1	2	3	4	5	6	7	8	9	10	11	12	13	14
	15	16												
Lukas	1	2	3	4	5	6	7	8	9	10	11	12	13	14
	15	16	17	18	19	20	21	22	23	24				

TABELLE MIT DEN KAPITELN ALLER BIBLISCHEN BÜCHER

Johannes	1	2	3	4	5	6	7	8	9	10	11	12	13	14
	15	16	17	18	19	20	21							
Apostelgeschichte	1	2	3	4	5	6	7	8	9	10	11	12	13	14
	15	16	17	18	19	20	21	22	23	24	25	26	27	28
Römer	1	2	3	4	5	6	7	8	9	10	11	12	13	14
	15	16												
1. Korinther	1	2	3	4	5	6	7	8	9	10	11	12	13	14
	15	16												
2. Korinther	1	2	3	4	5	6	7	8	9	10	11	12	13	
Galater	1	2	3	4	5	6								
Epheser	1	2	3	4	5	6								
Philipper	1	2	3	4										
Kolosser	1	2	3	4										
1. Thessalonicher	1	2	3	4	5									
2. Thessalonicher	1	2	3											
1. Timotheus	1	2	3	4	5	6								
2. Timotheus	1	2	3	4										
Titus	1	2	3											
Philemon	1													
Hebräer	1	2	3	4	5	6	7	8	9	10	11	12	13	
Jakobus	1	2	3	4	5									
1. Petrus	1	2	3	4	5									
2. Petrus	1	2	3											
1. Johannes	1	2	3	4	5									
2. Johannes	1													
3. Johannes	1													
Judas	1													
Offenbarung	1	2	3	4	5	6	7	8	9	10	11	12	13	14
	15	16	17	18	19	20	21	22						

ÜBER DIE AUTORIN

Eva Smutny wurde 1967 in Freiburg/Breisgau geboren.
Nach einer vierjährigen Bibelschulausbildung hat sie Malerin und Lackiererin gelernt und wollte eigentlich Schriftenschreiberin werden. Doch mit der Einführung von Computern ist dieser Beruf leider ausgestorben ...
Zusammen mit ihrem Mann Timm und ihren drei Kindern ist die Autorin nach Österreich gezogen, um dort Menschen die Bibel nahezubringen.
Nebenbei hat sie als Tages- und Pflegemutter gearbeitet, um bei ihren Kindern bleiben zu können.
Jetzt lebt Eva Smutny in Steyr, am Rande der Kalkalpen, und ihre Freude an der Bibel und Kreativität sind ungebrochen. Ihre Kinder sind mittlerweile erwachsen. Deshalb hat die Autorin noch einmal eine Ausbildung gemacht und unterrichtet jetzt „Deutsch als Zweitsprache".

Hier ist Raum für Ihre Notizen

Was ist der Bibellesebund?

Wir sind von der Bibel und ihrer Botschaft begeistert! Diese Begeisterung möchten wir teilen und weitergeben. Deshalb unterstützen wir Menschen jeder Altersgruppe dabei, einen eigenen Zugang zur Bibel zu erhalten und in ihrem Alltag mit der Bibel zu leben. International kennt man uns unter Scripture Union. Wie viele andere christliche Werke auch, arbeiten wir auf der Glaubensgrundlage der Evangelischen Allianz.

Kurz gesagt: **Wir möchten ...**

... Menschen aller Altersgruppen

mit der Guten Nachricht von Jesus Christus bekannt machen

und sie ermutigen,

ihm durch Bibellesen und Gebet täglich zu begegnen.

Dies tun wir durch weltweite Einsätze

und Publikationen.

Wenn Sie mehr wissen möchten:
www.bibellesebund.net

Weitere Publikationen aus dem Bibellesebund Verlag

Klartext
Bibellese-Zeitschrift für junge Erwachsene

Bibel-fokussiert, ungeschminkt, persönlich, alltagsecht, zuversichtlich, herausfordernd. Ein Bibel-Abschnitt für jeden Tag mit kurzer, alltagsnaher Erklärung.

Atempause
Bibellese-Zeitschrift für Frauen

Biblische Impulse für jeden Tag. Geschrieben von Frauen, die mitten im Leben stehen. Für Frauen, die in ihrem Alltag mit Gott in Verbindung bleiben möchten.

Orientierung
Bibellese-Zeitschrift für Erwachsene

Mit historischen und kulturellen Hintergrundinformationen zum Bibeltext und konkreten Hinweisen, wie die biblische Botschaft gelebt werden kann.

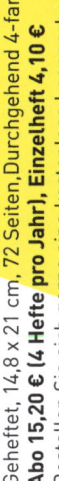

Geheftet, 14,8 x 21 cm, 72 Seiten, Durchgehend 4-farbig
Abo 15,20 € (4 Hefte pro Jahr), Einzelheft 4,10 €
Bestellen Sie sich gerne eine kostenlose Leseprobe!

Martin Plücker
Gottes Weisheit für mein Leben entdecken
18 inspirierende Bibellese-Impulse

Wie kann mein Leben gelingen? Und wie kann ich gute Entscheidungen treffen? Das Buch der Sprüche in der Bibel gibt hierzu viele gute und inspirierende Tipps!

Entdecken Sie weitere Bibellese-Themenhefte zu vielen spannenden Themen!

Geheftet mit festem Umschlag
Din A5 (14,8 x 21 cm), 52 Seiten
ISBN 978-3-95568-468-6 / **4,99 €**

Der **NEUFELD VERLAG** ist ein unabhängiger, inhabergeführter Verlag mit einem ambitionierten Programm.

Bei Gott sind Sie willkommen! Und zwar so, wie Sie sind.

- Uns liegt am Herzen, dass Menschen erfahren:
- Der christliche Glaube ist keine Religion, sondern lebt von **Beziehung**.
- Es gibt nichts Besseres, als **mit Jesus zu leben**.
- Es lohnt sich, die **Bibel** für das eigene Leben zu lesen.
- **Die Gemeinschaft mit anderen Christen** fordert uns heraus und hilft uns.

Menschen mit Behinderung bereichern uns!

Sie haben uns etwas zu sagen und zu geben, zum Beispiel:

- Sie erinnern uns daran, dass jeder Mensch **einzigartig** ist.
- Sie zeigen uns, dass der **Wert** eines Menschen nichts mit seiner Leistungsfähigkeit zu tun hat.
- Sie bremsen uns immer wieder aus und halten uns vor Augen, was im Leben **wesentlich** ist.
- Sie lassen uns erkennen, dass das Leben **erfüllt** sein kann – auch wenn es manchmal anders kommt als geplant.

Stellen Sie sich eine Welt vor, in der jeder willkommen ist!

neufeld-verlag.de

Markus Heide, Fabian Mederacke (Hg.)
Gotteswort im Menschenwort
Die Bibel lesen, verstehen und auslegen
Ein Praxisbuch
in Zusammenarbeit mit der SMD
ISBN 978-3-86256-175-9 • 2021

Ist die Bibel wirklich Gottes Wort, für mein Leben heute relevant? Wie vertrauenswürdig sind diese Jahrtausende alten Schriften? Ist alles gleich wichtig?
Hier finden Sie Handwerkszeug, um die Bibel mit Freude zu lesen und ganz praktisch davon zu profitieren. Mit Ideen fürs Gruppengespräch, einem persönlichen Bibelleseplan und Gliederungshilfen zu den einzelnen biblischen Büchern.

Eugene H. Peterson
„Nimm und iss ..."
Die Bibel als Lebensmittel
ISBN 978-3-86256-045-5 • 2014
E-Book: ISBN 978-3-86256-746-1

Eugene H. Peterson fordert heraus, die Bibel auf eine andere Art zu lesen – so dass sie ein Text zum Leben und Wachsen wird, nicht nur um Wissen anzuhäufen oder Regeln zu befolgen. Dabei verleiht er der klugen Art eines bedächtigen Lesens, die sich im Laufe von Jahrhunderten entwickelt hat (Lectio Divina), eine neue Form für unsere Zeit.

Timothy J. Geddert
Das immer wieder Neue Testament
ISBN 978-3-86256-161-2 • 2021

Das immer wieder Neue Testament ist ein Buch, das neue Einsichten in alte Texte schenkt. Es ist aber auch ein Buch, das Lust macht, selbst auf Schatzsuche zu gehen; einzutauchen in die wunderbare Welt der Bibel, in der wir dem lebendigen Gott begegnen.

Timothy J. und Gertrud A. Geddert
Das sogenannte Alte Testament
Warum wir nicht darauf verzichten können
in Zusammenarbeit mit dem Bibellesebund
ISBN 978-3-937896-74-8 • 2009

Das Autorenpaar nimmt mit auf eine Entdeckungsreise ins Alte Testament und beschäftigt sich dabei auch ehrlich mit den „Problemzonen", die vielen Menschen Kopfzerbrechen bereiten. Dabei wird deutlich: Die Bibel ist vom Anfang bis zum Ende faszinierend, lesenswert und unentbehrlich wichtig. Ohne sie wüssten wir fast nichts über den wahren Gott, wenig Zuverlässiges über den Sinn des Lebens und nur all zu wenig darüber, wie wir miteinander leben sollen.

DIESES BUCH WURDE IN DEUTSCHLAND HERGESTELLT.
Außerdem unterstützen wir ein **Waldschutzprojekt** in Kolumbien. Diese Initiative schützt 1.150.200 Hektar tropischen Regenwald und bewahrt dessen Biodiversität. Hand in Hand mit den Gemeinden, bietet sie Bildung, Gesundheitsversorgung, Ernährungssicherheit und weitere soziale Leistungen für 16.000 Menschen aus sechs indigen ethnischen Gruppen.

Dieses Buch wurde bewusst nicht in Folie eingeschweißt; unser Versandpartner verwendet zudem Papier und nicht Plastik als Füllmaterial.

Stellen Sie sich eine Welt vor, in der jeder willkommen ist!

neufeld-verlag.de

Herausgegeben in Zusammenarbeit mit dem Bibellesebund,
www.bibellesebund.com

Die Deutsche Bibliothek verzeichnet diese Publikation in der Deutschen Nationalbibliografie; detaillierte bibliografische Daten sind im Internet über www.dnb.de abrufbar

Die Bibelstellen des Alten Testaments wurden aus der 2000 revidierten Schlachter-Übersetzung zitiert (Copyright © 2000 Genfer Bibelgesellschaft), die des Neuen Testaments aus der Neuen Genfer Übersetzung (Copyright © 2011 Genfer Bibelgesellschaft)

Gestaltung Umschlag und Buchinhalt: spoon design, Olaf Johannson

Umschlagabbildung: Olaf Johannson; Unsplash: Priscilla Du Preez, Paul Rysz, Jasmin Ne; Christian Smutny Photography

Abbildungen innen: **Unsplash**: Matthias Patzuda (73), Fernando Lavin (70), Rainier Ridao (36), Miha Reka (34), Kristine Tumanyan (36), Chris Liu (4), Annie-Spratt (39, 103), Natalie Grainger (42), Ant Rozetsky (41, 74), Xiaolong Wong (42, 45), Study Green Chameleon (47), Tyler Easton (52), Caleb Jones (34), Nathan Dumlao (65), Eve Maier (61), Foyn (66), Elijah Hail (69), Sarah Noltner (116), Kiwihug (7), Sandro Antonietti (2), Landon Parenteau (131), Priscilla Du Preez (8, 107), Darrell Cassell (11), Cristina Gottardi (19), Sebastian Pociecha (22), Paul Rysz (28), Ben White (25), Casey Horner (17), Nate Bell (77), Matt Britney (81), Josh Hild (83), Johanser Martinez (85), Sean Boyd (88), Janosch Diggelmann (53), Jeremy Wermeille (91), Kristaps Unngurs (100); **Shutterstock**: Peter Kniez (51), oneinchpunch (58), Lewan (55), D.Chaban (63), EKramar (14), Anastasiya Adamovich (13), Miss Nuchwara Tongrit (21), Jodie Johnson (75), ImageFlow (75), Kamon Saejueng (62, 79, 86), Svitlyk (115), New Africa (99); **Olaf Johannson** (5, 27, 52, 43, 57, 68, 78, 87, 88, 90, 95, 96, 108, 110, 121); **Christian Smutny Photography** (122); **Privat**

Herstellung: Druckleister GmbH, Fichtenweg 2, 57539 Fürthen

© 2022 Neufeld Verlag, Sauerbruchstraße 16, 27478 Cuxhaven

ISBN 978-3-86256-178-0, Bestell-Nummer 590 178

Nachdruck und Vervielfältigung, auch auszugsweise, nur mit Genehmigung des Verlags

www.neufeld-verlag.de

Bleiben Sie auf dem Laufenden:
newsletter.neufeld-verlag.de
www.facebook.com/NeufeldVerlag
www.neufeld-verlag.de/blog